新教コイノーニア 36

100年前のパンデミック

日本のキリスト教はスペイン風邪とどう向き合ったか

富坂キリスト教センター編

【寄稿者】

神田健次／戒能信生／堀成美／三好千春／李元重／辻直人／熊田凡子／上中栄

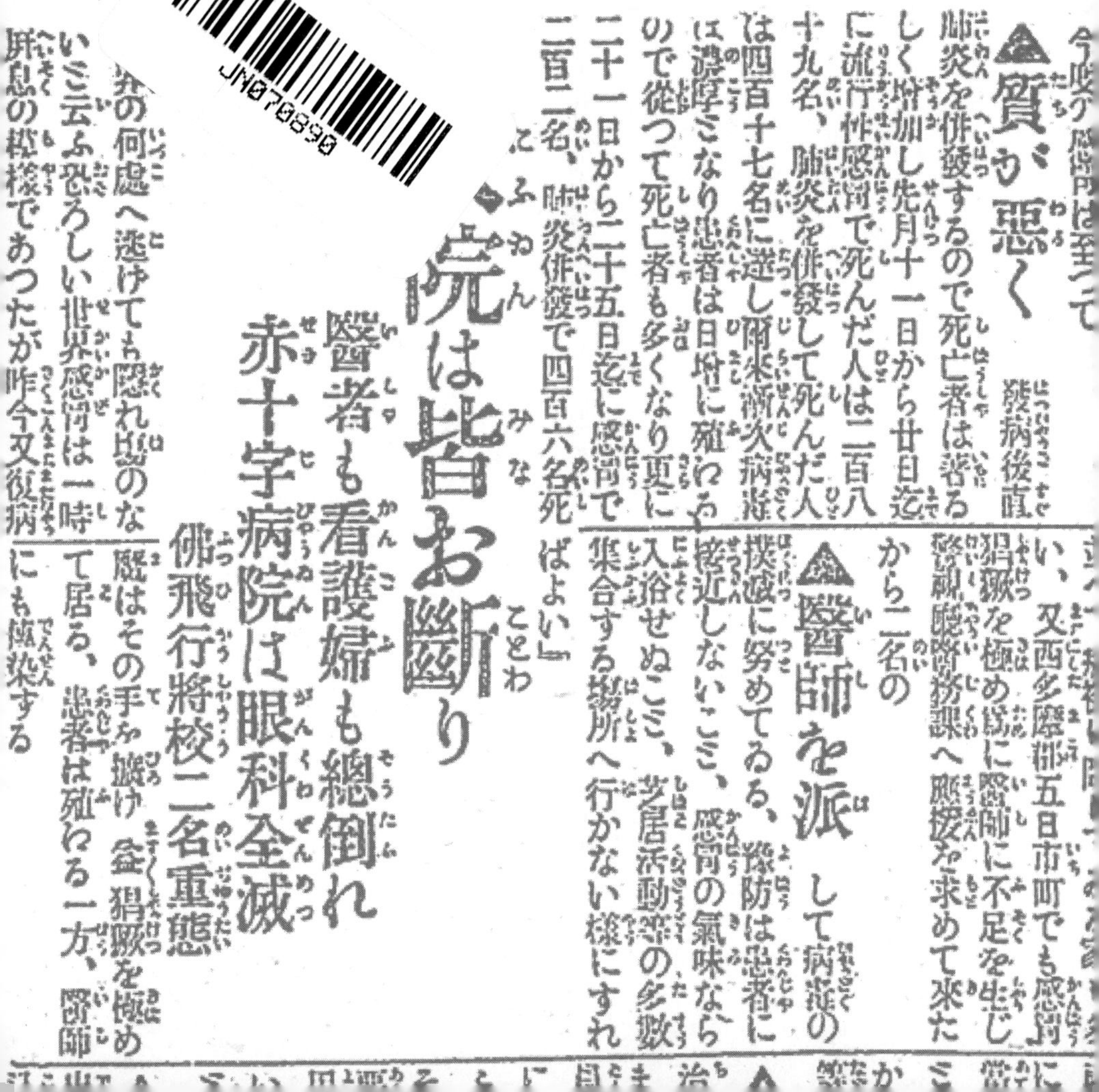

今度の感冒は至って

▲質が悪く

發病後直

肺炎を併發するので死亡者は著る
しく増加し先月十一日から廿日迄
に流行性感冒で死んだ人は二百八
十九名、肺炎を併發して死んだ人
は四百十七名に達し爾來漸次病勢
は猖獗となり患者は日増に殖ゐる
ので從つて死亡者も多くなり更に
二十一日から二十五日迄に感冒で
二百二名、肺炎併發で四百六名死

ばよい」

院は皆お斷り

醫者も看護婦も總倒れ
赤十字病院は眼科全滅
佛飛行將校二名重態

界の何處へ逃げても隱れ場のな
いと云ふ恐ろしい世界感冒は一時
屛息の模樣であつたが昨今又復病
獗はその手を擴け 益猖獗を極め
て居る、患者は殖ゐる一方、醫師
にも傳染する

い、又西多摩郡五日市町でも感冒
猖獗を極め爲に醫師に不足を生じ
警視廳衛生部へ應援を求めて來た
から二名の
▲醫師を派 して病狀の
撲滅に努めてゐる、豫防は患者に
接近しないこと、感冒の氣味なら
入浴せぬこと、芝居活動等の多數
集合する場所へ行かない樣にすれ

表紙・とびら
内務省衛生局が作成した当時の啓発ポスター、および東京朝日新聞一九一九年二月四日朝刊

まえがき

神田健次

新型コロナ・ウィルス（COVID―19）の感染拡大にともない、教会や学校などでの対応を余儀なくされて一年以上の歳月が経過していますが、その中でこれまでの感染症の歴史を振り返ることがあります。とりわけ一〇〇年前のパンデミックでもあったスペイン風邪大流行の時、日本のキリスト教界はどのような罹患状況にあり、いかなる対応をしたのかという問いが湧き上がってきます。そのような問題意識の下、戒能信生氏の呼びかけで総計一〇名の研究者がそれに呼応して、昨年の夏前に富坂キリスト教センターの共同研究としてスタートしました。本書は、各担当の調査研究及び二回の研究会での発表と論議を重ねてきた成果です。

速見融氏の『日本を襲ったスペイン・インフルエンザ』（二〇〇六年）によれば、一九一八―二〇年の国内のスペイン風邪による死者は四五万人を数えたと言われています。このような甚大な犠牲者が出たにもかかわらず、第一次世界大戦と関東大震災などの視覚的に衝撃的な出来事の谷間に埋もれてしまい、人びとの記憶から忘れ去られたと言えます。キリスト教界でも同様で、教会やキリスト教主義学校などの多くの年史においてスペイン風邪に関する記述をほとんど見いだすことができません。共同研究では、教会関係の資料として当時の各教派の機関紙を丹念に調査するところから始めて、それを「各教派の機関紙等に見るスペイン風邪の記録」として作成しました。その調査資料をベースとして、主に教会関係としては「スペイン風邪と日本の教会」（戒能信生）が総論的に詳述し、また各教派のケーススタディとして、「スペイン風邪と日本カトリック教会」（三好千春）と「スペイン風邪と日本組合基督教会」（李元重）がそれぞれ掘り下げて示唆に富む論述を展開しています。さらに、内村鑑三とホーリネス教会の中田重治を中心に考察した「スペイン風邪と再臨運動」（上中栄）、及び神学者や牧師の日記叙述に焦点をあてた「キリスト者の日記に見るスペイン風邪」（戒能信生）も内容豊かな論述です。そして、「キリスト教学校とスペイン風邪」（辻直人）と「日本のキリスト教幼児教育の実態と影響」（熊田凡子）においては、学校や幼稚園の罹患状況だけではなく具体的な対応・影響面についても論及されています。米国長老派のＪ・Ｃ・ヘボンやアメリカンボードのＪ・Ｃ・ベリーなど、医療宣教師の近代医療への重要な貢献が既にありますが、その連関でキリスト教主義の学校や幼稚園における女性宣教師の公衆衛生や家政学などの貢献は注目すべきであります。感染症とキリスト教をめぐる「コラム」（堀成美）では、多様な観点から興味深く描かれています。

筆者は、日本メソヂスト教会の機関紙（特に『教界時報』）の調査を担当しました。『護教』と『教界時報』の資料においてスペイン風邪による教会関係者の感染、及び逝去に関する記事を消息欄などで見出すことはできます。しかしながら、そのことに関して社説などで大きく取り上げて論じられることはありませんでした。また、スペイン風邪が流行している期間、日本メソヂスト教会では教勢を拡大する大成運動を推進している時期であり、日常の礼拝や諸集会などの出席者が減ることもありましたが、中止することはありませんでした。但し、日曜学校は子ども達を守るために取りやめることもありました。もう一つ注目したいのは、富山教会が県内にコレラが流行したので県令が出され、当分の間教会の礼拝や諸集会が取りやめになったケースが報告されています。当時の伝染病予防法に急性伝染病として指定されたコレラやペストなどに比べ、スペイン風邪が軽度のものとして受けとめられていたことを示しています。

最後に、日本のキリスト教界に最も大きな影響を与えたカール・バルトとスペイ風邪についての興味深い関わりに言及しておきます。バルトの神学的出発点は、『ロマ書（講解）』であることはよく知られていますが、その著書が一九一九年に出版される前年の一一月、バルトがその校正刷を読んでいる時期にスイスではスペイン風邪の大流行に襲われました。責任を負っていたザーフェンヴィルの教会の礼拝を二、三回休まざるを得ず、バルト自身も罹患して病床についていています。そしてまだ全快したとは言えない段階で、バルトは緊急対策委員会の委員長でもあったので、工場主たちから寄付された現金資金をもとに労働者の支援に立ち上がり、スペイン風邪に対する最後の対策に協力するために奔走しています。現代のキリスト教思想の出発点ともなる『ロマ書』刊行の背景に、このような時代に対するバルトの真摯な取り組みがあり、私たちに聖書を読むことと時代の課題に向かい合うことの重要性を示唆していると思われます。

目次

コラム＝堀 成美

スペイン風邪と
日本のキリスト教会

100 年前にパンデミックとどう向き合ったか

スペイン風邪と日本の教会

各教派の機関紙などに見るスペイン風邪の記録から

戒能信生

1　調査の発端

今から約一〇〇年前、一九一八年（大正七年）から一九二〇年（大正九年）の三年間にわたって、この国にもスペイン・インフルエンザ（いわゆる「スペイン風邪」）の大流行が起こりました。現在の研究では世界中で約五〇〇〇万人が亡くなったとされています（研究者の中には一億人とする推計値もある）。国内でも、内務省の記録では三八万五千人が亡くなったとされていますが、歴史人口学者・速水融の推計によれば、国内だけでも死者四五万人、当時植民地であった台湾・朝鮮・樺太などでの死者を合わせると計七三万人もの犠牲者が出たという大流行、まさにパンデミックでありました。

当然、キリスト教界でも多くの犠牲者が出たはずですが、どういう訳か、これまでスペイン風邪の影響については全く取り上げられてきませんでした。定評ある『日本キリスト教史年表』（日本キリスト教歴史大事典編集委員会編、教文館、二〇〇六年）にも記述がありませんし、その他の歴史年表にもごく簡単な記載しかありません。また各教会から刊行されている各個教会史にもスペイン風邪関連の記述はほとんどなく、従来のキリスト教史研究においても、スペイン風邪の影響について一切触れられていません。今から一〇〇年前、当時の教会がスペイン風邪の大流行にどのように対応したのかの記録は、全く見出せないのです。これが、この調査の発端でした。

そこで、富士見町教会に所蔵されている『福音新報』や、日本基督教団宣教研究所にあった『護教』のバックナンバーを調べてみました。するとそこには、断片的ながら「流行性感冒」についての記事がいくつも掲載されていたのです。それで、各教派の機関紙などを網羅的に調べなければならないことに気づかされました。しかしそれは、私一人の手に余ります。そこで研究者仲間に呼びかけて、手分けして調べてもらうことにしました。

以下に紹介するのは、こうして始まった共同研究によって見出された当時の各教派の機関誌などの記録です。具体的には日本基督教会の『福音新報』（週刊）、日本メソヂスト教会の『護教』（週刊、一九一九年に改題して『教界時報』）、そして日本組合教会の『基督教世界』（週刊）などの記事に見られるスペイン風邪についての言及、加えてルーテル教会の『るうてる』（月刊）、ホーリネス教会の『聖潔之友』（隔週刊）、さらにカトリック教会の当時の資料、『聲』（月刊）、『公教会月報』（大阪教区、月刊）、『光明』（札幌教区、週刊）などにも当たってもらいました。

調べていく内に、当時のキリスト教主義学校におけるスペイン風邪の影響も調査しなければと気づかされ、キリスト教学校教育同盟で調査が始まっていることを知り、協力して頂きました。

すべての教派を網羅したわけではありませんが、一九一八～二〇年の時期、当時の各教派の機関紙、及び各学校史などに見出されたスペイン風邪関連の記事を抽出し、それを時間順に並べてみました。調査の分担とそのおおよその範囲は以下の通りです。

日本基督教会とその周辺　『福音新報』を中心として
担当・戒能信生（日本基督教団千代田教会牧師）
メソヂスト教会とその周辺　『護教』『教界時報』を中心として
担当・神田健次（関西学院大学名誉教授）
組合教会とその周辺　『基督教世界』を中心として
担当・原誠（同志社大学名誉教授）、李元重（新島学園短期大学教授）
ルーテル教会とその周辺　ルーテル教会機関誌『るーてる』を中心として
担当・柳下明子（日本聖書神学校教授、日本基督教団番町教会牧師）
ホーリネス教会とその周辺　東洋宣教会ホーリネス教会機関誌『聖潔之友』などを中心として
担当・上中栄（日本ホーリネス教団旗の台教会、元住吉教会牧師）
キリスト教主義学校とその周辺　各学校史を中心として
担当・辻直人（和光大学現代人間学部教授）
キリスト教主義幼稚園とその周辺　ＪＫＵ（Japan Kindergarten Union.）年報を中心として
担当・熊田凡子（江戸川大学こどもコミュニケーション学科准教授）

カトリック教会の機関誌とその周辺　『聲』『公教会月報』『光明』『パリ外国宣教会年次報告』
担当・三好千春（南山大学教授）
キリスト教会全般　各個教会史の網羅的調査
担当・堀成美（看護師、感染症対策コンサルタント、東京都看護協会危機管理室アドバイザー）

これらに加えて、公刊されている内村鑑三や柏木義円、高倉徳太郎、金井為一郎などの日記に、「スペイン風邪」あるいは「流行性感冒」などについての言及がどのようにあるかをも調べました。さらに私の個人的な研究仲間から寄せられたいくつかの情報も織り込まれています。

因みに、各個教会の週報についても、そのいくつかにあたって見ました。しかし東京近辺では、関東大震災で焼失している場合が多く、断片的に残されている週報は、おしなべて礼拝順序が記載されているだけの簡素なものがほとんどで、教会員の個人消息や病気などについての詳しい記載は見出せませんでした。

このような調査の結果、当時の資料からスペイン風邪についての記事を見つけて書き抜き、その記事が掲載された各教派の機関誌などの発行日時の順番に整理したものが、巻末に掲載したデータです。

2　スペイン風邪とは

「スペイン風邪」という呼び方が一般的になったのは、このインフルエンザ大流行の端緒と爆発的な感染拡大が第一次世界大戦の戦場においてであったことから、各国がこのインフルエンザについての報道を厳しく規制したことに起因します。ただ、第一次世界大戦の交戦国でなかったスペインで、インフルエンザ大流行の事実が盛んに報道されたため、一般に「スペイン風邪」と呼ばれるようになったというのです。ですから、スペインがこの感染症の発祥地でもなく、また最も犠牲者が多かった訳でもありません。

しかしこのスペイン風邪は、世界的にもまさに「忘れられたパンデミック」でありました。その理由は、第一次世界大戦の最中であったため、当初、各国がその報道を規制したことがあったとされます。また、当時はこのインフルエンザがウィルスに由来する感染症だとまだ判明していなかったこともありました。風邪の症状から重篤な肺炎に進行し、瞬く間に亡くなっていくのですから、原因が掴めず、各国で医療崩壊が連鎖し、甚大な犠牲者が出たわけです。そしておそらく集団免疫が成立したために、その流行は、地域によっては数ヶ月で（あるいは第一波、第二波、前期インフルエンザ、後期インフルエンザなど様々な呼び方があるようですが）過ぎ去ってしまったとされているのです。

この国では、劇作家の島村抱月がスペイン風邪で亡くなり、世界では例えばドイツで社会学者のマックス・ヴェーバーがこの病気で亡くなるなど、著名人の犠牲者も出ています。にもかかわらず、このパンデミックについて、世界中で一早く忘れられてしまい、人々の記憶に残らなかったというのです。しかしそれにしても、それは何故だったのか。現在進行中のＣＯＶＩＤ―19のパンデミックと関連して、そのような問いを抱きつつ、これまで調べた資料から見えて来たスペイン風邪がこの国の各地の教会やキリスト教主義学校にどのような影響を与えたのか、教会はどう対応したのか、それとも対応できなかったのか、そしてどれほどの被害を与えたのかを紹介したいと思います。

3　スペイン風邪第一波の影響（一九一八年一〇月〜一九一九年五月）

当時は「スペイン風邪」という呼び方はほとんどされておらず、「流行性感冒」、あるいは「悪性感冒」などと呼ばれていたようです。

教会関係でその最初の徴候が伝えられたのは、当時植民地であった台湾の邦人教会でした。日本基督教会台北教会の機関誌『台湾基督教報』の一九一八年一〇月号、一一月号に、次のような記載が見られます。（以下、資料の紹介は、句読点を補うなど読みやすくしました。）

「流行病盛んなる為め一般の出席者少なきは遺憾なり、教勢と各員の回復を切に祈る」（『台湾基督教報』一九一八年一〇月号）

「濱谷夫人、流行性感冒に犯され、続いて余病併発せられ台北病院に入院中の所、此七日退院せられたり」（『台湾基督教報』一九一八年一一月号）

また、同じ台北の組合教会が、この時期、宮川経輝を内地から講師として招いて特別集会を計画していたのですが、**「流行性感冒のために中止」**になった旨の記録が残っています。（『台北組合教会二〇年史』）

一九一八年（大正七年）一〇月から一二月にかけてのこの時期、各地の教会の伝道集会などにも、「流行性感冒」の影響が数多く見られます。北海道平取の聖公会、香川県の高松日本基督教会、丸亀日本基督教会、大阪の各教会、京都の同志社教会、今出川教会、さらに静岡県下の沼津や各地のメソジスト教会での伝道集会などにも、「流行性感冒」流行のため、参加者が少なかったとか、その中でも決行したというような報告が散見されます。

最初の死者についての記録は、カトリック教会の機関誌『聲』（一九一八年一一月号）にありました。その号の「社友消息欄」に、「**社友杉山万平氏（東京）は去月十月二十五日流行性感冒の結果余病を発して不幸にも永眠せられ同二十七日に築地天主堂に於て其の葬儀を行はれた**」と記録されています。

スペイン風邪による死者は膨大な数に及びます。その死者の数ばかりが注目され、その中で亡くなっていった一人一人の存在が忘れられる向きがあります。ここでは、一〇〇年前の断片的な資料の中から、判明する限り死者一人一人の氏名を紹介することにします。

一九一八年一一月二一日発行の『福音新報』の伝えるところによれば、河合亀輔牧師（台湾の台北日本基督教会の創立牧師）の息子**健（一一歳）**が一一月一七日、両親の感冒が感染して、脊髄炎の症状で急死。続いて長く結核を患っていた姉の**栄（一九歳）**が翌一八日に急逝しています。そしてこれ以降、各地の教会で流行性感冒のための教会員の死去が相継ぎます。

一一月二一日発行の『基督教世界』によれば、神戸組合教会で「**流行性感冒は頗る猛威を振ひ、諸教会員、其家族の冒さるる者頻々、既に葬式を出すこと五回、多忙を極めたりし**」と報告されています。同じく京都組合教会でも、「**会員中風邪等のため、昨今永眠者数名を出す**」と報じられています。

さらに、少し遅れて、一二月六日のメソヂスト教会の機関誌『護教』によれば、鹿児島三平メソヂスト教会（現在の鹿児島加治屋町教会）で、一一月一日に**岩切盛秀（一九歳）**、その翌日一一月二日、**山**

本孝子（四歳）、さらに一一月六日、村田美之（二四歳、同志社大学学生）が相継いで流行性感冒のために亡くなったと報じられています。

この一一月には、大阪天満組合教会で、「日曜学校長松崎健三夫妻、杉野銀治郎の娘友子、流行性感冒のために永眠」と、『天満教会一〇〇年史』に記されています。横浜の指路教会では「宇都宮作治長男忠成、六日に逝去」という記事が、これは会報『指路』に掲載されていると、同教会員の岡部一興氏から教示されました。またカトリック教会の『光明』誌に、「平取でイモンツレンというアイヌ婦人の女も婿も死亡し、一人の女孫はインフルエンザに罹り臥床し居り候が、授洗の恵みに浴し其よりも二日後司祭の室蘭に帰りし日、彼女も美しき永遠の故郷なる天国へ旅立ち候」と報じられています。ルーテル教会機関紙『るうてる』の伝えるところによれば、日田ルーテル教会で、「會員盛田ハル姉は感冒の為め臥床せられしが十日遂に永眠せらる」とあり、久留米ルーテル教会にて「南守雄氏夫人ミツエ姉は感冒のため一一月一五日永眠せらる」とあり、また「當地基督教の先輩たる前市會議員弁護士佐々木高氏感冒のため一一月一三日永眠せられ」と報告されています。

一二月になると「番町教会の会員だった文学博士中島力造も流行性感冒で一二月二一日に死去」、土佐教会の「大脇幾司の夫人が感冒で死去」と組合教会の機関紙『基督教世界』が報じています。

翌一九一九年になってもスペイン風邪の猛威は去らず、各地で犠牲者が相次ぎます。日本基督教会神戸神港教会の「三宅幸平長老が、当時全世界的に流行し死者一五万人といわれたスペイン風邪という悪性インフルエンザのために、二月、突如として昇天された」という記事が、『神港教会八〇年史』に記載されていると吉馴明子氏から指摘がありました。さらにメソヂスト横濱教会で「二月一日、看護婦蟹江京子氏（二一歳）、流行性感冒により急性肺炎を併発して天の召に入る」と、『護教』が伝えています。また水口教会でアメリカ留学中の「藤谷光之助氏葬儀」と簡略に『基督教世界』が報じています。六月二六日、日本基督教会の横浜指路教会の会報『指路』に「六月二六日、福田甚二郎長女小百合子、急性肺炎にて逝去」と記載されています。

この時期、各教会では、日曜学校を一時休校にしたり（淡路自由メソヂスト教会）、熊本のルーテル神学校が休校になったりしてはいます。しかし各教会の主日礼拝は、出席者を減じながらも、いつもと同じように行なわれており、伝道集会や特別集会なども、「流行性感冒猖獗を極めたれども、決行」したとされる場合が多かったようです。

注目すべきは、キリスト教主義学校で、例えば金沢の北陸女学校（現在の北陸学院）では「秋学期、教師も生徒もインフルエンザに罹り、数日から数週間欠席する者が続出した。この病気で女学生一名が死去、五名が中退した。卒業京都旅行も中止となり、学校は三日間完全閉鎖され、再開後も欠席者が多く不規則な課業しか行えなかった」と記録されています。

また下関の梅光女学院では、「一〇月三日以来、在籍生徒数一八五名中、実に一二六名が感染、一二三名は完治したものの、一名が亡くなり、残り二名は療養中。初発以来、臨時休校総日数は八日間、教員感染者四名」と記録されています。

神戸のランバス女学院（現在の聖和女子大学）では、「インフルエンザが寮内に大流行し、最終学期の授業が出来なくなる」と記録されています。

これらのキリスト教主義学校のうち、特に女学校で感染者が拡大しているのは、その多くが寄宿舎

（女子寮）でクラスターが発生したと考えられます。

一方で、アメリカにおけるスペイン・インフルエンザ流行のニュースも、様々な仕方で国内の教会にもたらされていたようです。一〇月三一日発行の『基督教世界』には、京都組合教会において、ニューヨークでスペイン風邪によって亡くなった藤谷光之助（前出）の追悼祈祷会がもたれています。またちょうどこの時期、アメリカ・カナダを訪問していた東部メソヂスト教会の監督平岩愃保からの報告が『護教』に掲載されており、そこには次のようにアメリカ・カナダにおけるインフルエンザ流行の様子が報告されています。**「是より更に加奈陀諸教会巡回可致筈なりしも、目下インフルエンザの流行非常にて、死亡者沢山なれば、米国加奈陀中何れも学校、演劇、活動写真場、教会皆閉鎖致され候、故に何処も集会取消と合成候」**（『護教』一九一八・一一・一三）。また、同じく平岩監督からの書翰で、ドゥルー神学校に留学中の平山治久が**「ニューヨルクにてインフルエンザに罹りドル神学校近傍の病院に入られたる由」**（『護教』一九一八・一一・一三）とも報告されています。

最初の牧師の死者が出たのは、一九一八年一一月二一日のことでした。福島県のメソヂスト白河教会の**鈴木義一牧師**が、出張先の米沢で流行性感冒から肺炎に至り亡くなっています。**「白河教会牧師鈴木義一氏は去月二日、米沢に開会せる仙台部会に出席の為出立せられ……米沢教会献堂式にて祈祷をせられしが……三日夜より流行性感冒にて客舎にて臥床し、遂に肺炎を併発し、一時快方に赴かれしも、漸次重態となり、次男、長男駆けつけて看護に尽瘁せしも衰弱甚だしく、二一日午後八時半、終に二令息、及び三浦牧師看護の間に永眠せられたり。」**（一九一八・一二・二〇『護教』）

一二月には、函館のトラピスト修道院（厳律シトー会・灯台の聖母修道院）で、**マウリチオ久保田熊**

平（一九歳）が亡くなったと記録されています。但し、まだ若すぎて請願を立てることが出来なかったため、「献身者」として葬られたとされています。

一二月二一日には、浪花組合教会の伝道師谷喜楽（年齢が記録されていないのですが、伝道師とされていますから、神学校を卒業したばかりだったと推測されます）が、流行性感冒のために亡くなっています。

一二月二七日には、メソヂストの京都中央教会（現在の京都御幸町教会）の牧師太田義三郎（五三歳）が亡くなります。『護教』は、次のようにその経緯を伝えています。「昨年の秋頃より健康兎角勝れず、会友勝保國手の手厚き治療を受けつつ、絶対安静を命ぜられ居りし当時、恰も悪性感冒流行の折とて、会友中に冒さるる者続出し、二三会友の死をさへ見るに到りたるにより、氏は病苦を強して之が訪問慰謝、或は司式に務めたる為、病勢厚重し、十二月初旬より全く壇上に立を得ざるに到り、二十六日夜半より俄に険悪となり、翌二十七日午後、折良く見舞はれたる釘宮部長、家人一統に囲澆せられつつ、最も平安に信仰的死を遂げられたり。」（『護教』一九一九・一・一七）

さらに、徳山メソヂスト教会牧師奥西善四郎（三四歳）が、三月九日に亡くなっています。「三月二日第一日曜日の頃より流行性感冒に罹られ、只管療養中の處、病勢俄に革りて肺炎の冒す所となり、遂に、九日第二日曜日午前九時、溘焉として逝かれる。」（『護教』一九一九・四・一一）

また大牟田メソヂスト教会牧師妹尾玄逸（三八歳）も、三月一六日に亡くなっています。（妹尾牧師の場合は、当初腸チフスと診断されて入院した後、容態が急変して死去しており、やはり流行性感冒との関わりが考えられます。）

四月九日には、長崎ウェスレー教会（現在の長崎銀屋町教会）牧師服部節吉（三一歳）が亡くなっています。「**前・長崎ウェスレー教会牧師服部節吉氏**（三十一歳）、**去る三月広島に於て挙行せられたる西部年会より帰崎の途上、風邪の気味ありしが、一両日を経て発熱の度を増し、流行性感冒は遂に、肺、心臓を冒して急性肺炎となり、四月九日夕に至りて愈々病篤く、十時の鳴ると共に眠るが如く逝かれ……**」（『護教』一九一九・四・二五）

ここに紹介しただけでも、一九一八年一〇月から一九一九年六月までの約半年の期間（この期間がスペイン・インフルエンザの第一波と考えられています）、現役の牧師だけでも六人が次々に流行性感冒のために亡くなっています。亡くなった牧師たちは、必ずしも高齢ではなく、中年から若い世代、いずれも働き盛りの牧師たちでありました。

これらの記録は、各教派の機関誌が中心ですので、牧師の死去が比較的大きく扱われており、信徒たち、教会員たち一人一人の死去については、全体としては反映されていません。ですから、牧師だけでこれだけ亡くなったのですから、教会員の死去はさらに多かったと推測されます。因みに、今回調べた資料に記載されている教会員、またキリスト教主義学校での死者を合算すると一〇〇名をはるかに超えています。

4　スペイン風邪第二波の影響（一九一九年一一月〜一九二〇年五月）

一旦終熄したかと思われたスペイン風邪の第二波が、一九一九年（大正八年）秋頃から再び各地を席巻します。しかも、おそらくは変異株のために死亡率が高くなったと見られています。資料によって、その犠牲になった人々の記録を中心に追ってみましょう。

先ず、神戸にあった頌栄保姆伝習所（現在の頌栄保育学院短期大学）で、一九一九年一二月、「寄宿舎で次々と学生たちが高熱に苦しみ、アニー・ハウ宣教師を初め職員も流感で倒れた。一二月一八日から二月二日まで、保姆伝習所も幼稚園も休校となり、クリスマス祝会も中止。翌年三月、一〇名の卒業生は三名の友を流感で失った悲しみを胸に静かに巣立って行った。」（小林恵子『日本の幼児保育に尽くした宣教師』下巻）

一二月二七日には、カトリック大阪教区のルイス・シロル神父（三〇歳）が急逝しています。『パリ外国宣教会年次報告』は次のように伝えています。「一九一九年一二月、我らは我らの最年少者シロル師が、伝染病スペイン風邪でわずか数日で奪い去られるというか悲しみを経験した。この試練は、この宣教師が特に恵まれた人であっただけに一層辛く感じられた。それに若い人は、我らのうちに実に数少ない！」（「大阪教区」一九二〇年、第四巻）

一九二〇年（大正九年）一月の『福音新報』が報じるところによれば、満州（中国東北部）の安東日本基督教会において、「……然れど惜しむべきは竹本長老夫人の死去せられしことなり。同夫人は出産と流行性感冒の為に再び起つ能わざりき」という記事が見つかります。

さらに同じ『福音新報』に北海道の釧路日本基督教会の渡邊重右衛門牧師が、「年末より病気にて函館病院に入院中の處、遂に死去せらる」と短く報じています。この渡邊牧師は、高倉徳太郎が札幌北辰教会在任中親しくしていたことから、高倉はその知らせを聞いて驚きます。そして親しかった友人の急逝を惜しむ追悼文を『福音新報』に寄稿しています（一月二二日号）。

高倉は、前年三月に札幌北辰教会を辞任して上京し、東京神学社の教師をしていました。それもあって、当時無牧であった千駄ヶ谷教会の教会員**齊籐千代子**の葬儀の司式を依頼され、その葬儀を司っています。しかし高倉の日記には、スペイン風邪そのものについての関心を示していません（この点については「キリスト者の日記に見るスペイン風邪」の項参照）。

そもそもこの一九二〇年一月から二月にかけては、東京でスペイン風邪が感染爆発し、沢山の死者が出た時期でした。速水融の『日本を襲ったスペイン・インフルエンザ』には、この時期の東京での感染拡大について「地獄の三週間」という見出しをつけて、次のように当時の新聞報道を紹介しています。

「大正九年（一九二〇年）になると、スペイン・インフルエンザは牙をむいて東京市民に襲いかかってきた。各紙ともその状況を伝えている」として、三河島や下町の火葬場に運び込まれた遺体が増え、焼骨が間に合わない事態になったことを伝えています。その上で当時の新聞報道の「見出し」を次のように紹介しています。

「しかし、本格的な殺戮は、一月中旬にやってきた。一月一一日の『東京朝日新聞』第五面は、ほとんどが流行性感冒関連の記事で覆われている。見出しのいくつかを取り出すと、**『この恐ろしき死亡率を見よ／流感の恐怖時代襲来す／咳一つ出ても外出するな』『市内一日の死亡者百名に激増／一日以来の感冒患者総数実に九万人』、『昨日深川で三十八名死亡す／元日からの死亡者同区で二百五十名』、『流感悪化し工場続々閉鎖す』、『一日に新患者六十名／第一師団の大恐慌』**といった記事で、いよいよ地獄の三週間が始まった。

一月十四日以降、各紙とも前々日の流行性感冒死亡者と新患者発生数の数字を掲載するようになった。……各誌とも警視庁の発表を伝えたのである……

一月十九日の状況は、満都を震撼させ、二十一日の『時事新報』は、「**流感は何時下火になる？／昨日記録を破った感冒死亡者／十九日三百三十七名死す**」との見出しで報じている。また、東京市は、二十一日、緊急参事会を開き、本所と大久保の伝染病院を流感患者のために開放することを発表し、また近県の看護婦会に百五十名の募集を依頼することを決めた（『読売新聞』一月二一日、二二日付）。以下見出しを挙げると、『**疲れに疲れて／大払底の看護婦／流感の猛威に押捲れて**』（『東京朝日新聞』一月二〇日付）、『**流感は男女共働き盛りが死ぬ**』（一月二〇日付）、『**軍隊の流感二万／死亡九百名を越す／東京の師団が最も猛烈**』（一月二二日付）、『**従業員流感に悩み／交通、通信に大祟り……毎日五六百名の欠勤者を出す**』（一月二三日付）。

この時期に東京に住んでいた者は、文字通り生きた心地はしなかったであろう。」（『日本を襲ったスペイン・インフルエンザ』）

さらに当時の各教派の機関誌から、各地の流行性感冒の犠牲者や影響のニュースを追ってみましょう。

一九二〇年（大正九年）一月九日、神戸カトリック教会の修道女境すみのが流行感冒で亡くなったとの記録があります。「**神戸市山手通聖家族幼稚園在職のヨハネ境すみの童貞、一月六日流行感冒に罹りて、八日肺炎となり、欣然として終油の秘跡を預かり、九日安然莞爾として帰天せり。齢二八歳二ヶ月余なり。遺骸は一一日午後神戸天主堂にて大阪司教閣下の赦祷式にて葬儀を営まれ二霊父の先**

導にて夥多の童貞公教信者より夢野の墓地に送られ、此処にしてイエズス・キリストの再来を待てり。」（『公教家庭の友』第二号）

同じくカトリック教会の『光明』誌は「早くから両親を失はれ、老母と倶に熱心敬虔の評高かりしエリサベット高岡花子氏（十八歳）は、去月十一日流行性感冒の為め突然死去、翌十二日広島村公教会に於て葬式執行さる」と伝えています。

一九二〇年（大正九年）一月一五日の『福音新報』には、朝鮮の京城日本基督教会の様子が次のように報じられています。「流行感冒のため諸集会とも出席者六、七〇名に過ぎざりき。クリスマス祝会もこれが為に一月末頃に延期することにせり。又昨年初め頃まで出席し（朝）鮮人は近来殆ど一人も出席せざる有様にて、これが為にも出席人数の減少を見たり。」これは、朝鮮における三一独立運動の影響と見ることができます。一〇〇年前のこの時期の日本と世界は、第一世界大戦の終結、その直後に起こった経済的な不況、富山に始まった米騒動、さらに朝鮮での三一独立運動、中国での五四抗日運動と、世界的に大きな変動のあった時期でもありました。

『福音新報』一月二二日号によれば、横須賀日本基督教会で、受洗志願者の一人が「感冒で就眠した」と伝えられています。

ホーリネス教会の機関誌『聖潔之友』一月二二日号には、当時の沖縄や奄美の教会について次のように短く伝えています。「由来沖縄と喜界には多くの信者があつた。しかるに昨年秋流行性感冒のために多くの善き信者が死んだ。」

同じく『聖潔之友』一月二九日号には「仙台の菅野夫人の母堂は流行感冒の為去二三日東京にて永

眠せられたり」と報じています。

二月五日の『教界時報』（メソヂスト教会の機関誌『護教』が、この年から名称を変更した）は、**「加藤弥太郎君葬儀／我教会多年の信徒たる医師加藤弥太郎君は、昨年末より流感にて臥床中の所、病遂に癒へず、本月二十三日午前十時三十分、神田北神保町神保病院にて永眠せられたり」**と伝えています。同じ号には**「六男須恵夫こと、鎮西学院在学中の處、悪性感冒に罹り遂に養生相不叶、一昨二十四日午前六時、長崎市品川医院に於いて永眠致し候　大正九年一月二十六日　大竹常業」**との死亡広告が掲載されています。

また横濱指路教会の『指路』には**「泰保、二月五日、その任地江尻において逝去せらる。同氏、その前より流行性感冒に罹られ、その前日長女を失はれ、その翌日自身遂に此災厄に逢はる」**と報告しています。

『教界時報』の次の号二月一二日号には、大牟田教会の近況として、**「新年度に至り五名の転出者あり、且又流行性感冒のため臥床中の家庭もあり。且又一家庭にては九名家族全部次々冒され、二名の昇天者あり、誠に同情に堪へざる向も生じ、従って近来に至り教会の集会上にも多大の差支を生じつつあり」**と報じられています。

『福音時報』二月一九日号では、浅草にあった明星教会の鷲津貞二郎牧師が流行性感冒のため一時重態になったことが伝えられています。**「牧師鷲津氏は流行感冒のため一時重態なりしも、昨今殆んど全快に向はれしは感謝の至りなり。」**因みに、鷲津貞二郎牧師は、作家永井荷風の実の弟にあたります。

さらに二月二六日の『福音新報』は、湊川日本基督教会の教勢として「**本年は流行感冒のため四名の有力なる信徒を失ひ大に打撃を蒙りし**」と伝えています。

同じ時期『教界時報』二月二七日の「教報欄」には、神戸の御影教会について、「**何処も同じ流感にて、同教会にも不幸二名の永眠者を出したり。村田牧師も又流感に罹られ一時は余程の重態、一同心痛せしが、幸に快方安堵せり**」と報じ、同じ号で熊本の八代教会について、「**余所事の如く聞き流し居りたる流行感冒は、当教会牧師田中茂甫氏御一家を襲ひ、其猛烈なる魔手を次から次へとのばし、遂に牧師を除いた残り七名の御家族全部を病床の囚として仕舞つた。其悲惨の内に、長女多恵子様は、御父君や篤信なる宮崎医師方の行き届いた御看病も其の効なく、僅十歳を一期として去る一月三十日午後九時半、静に神の召し給ふ身となられた**」と報じています。

三月四日の『福音時報』は、京都の室町日本基督教会について、「**御多分に漏れず流行感冒のため、一月二月は諸集会出席者俄に減少し、日曜朝の礼拝には四十数名内外、夜の礼拝には十五、六名あり。流行感冒の死亡者、或は家庭に死亡者危篤者の患者を有する者、続々と起れる有様なりしが、目下は稍や平静なるを得たり**」と伝えています。

三月一五日の『るうてる』は、小城ルーテル教会において「**会員牧潤姉には二月廿一日愛児を流感の為に失はる**」と伝えています。

三月二〇日、群馬県の安中教会の**牧師柏木義円の次男策平（千葉医専学生　二四歳）**が、流行性感冒のため亡くなります。策平の闘病と死の経緯については、『柏木義円日記』に詳細な記述が残されています。

また横濱指路教会の月報『指路』は「熊井□《判読不可》な子、昨年来薬餌に親しみ勝ちのところ、本年一月流感のため病勢革まり三月二十三日逝去」と報じています。

『聖潔之友』四月一五日号は、沖縄の教会の状況を伝える貴重な記録と言えます。「殊に本年に入りては、流行感冒猖獗を極め、郵便物の遅延、日刊新聞の休刊、学校の休校、寄宿舎の閉鎖する等を見るのみならず、日々多数の死者を出すが為に、葬儀社の人夫に不足を生じて困り、小学校の児童に花持ちをさせて、教育界の問題を引起したといふ始末、青年団にては会員の家族へマスクを無料にて配布し、区に於ては無料にて予防注射を施し、又諸官省、旅館、汽車、電車、町の辻等、多人数の集合する場所へは、朱書せる注意書を貼附し、警察にては患者を各戸別訪問で調査して予防法を講じ、劇場の見物人にしてマスクをかけざる者は一切入場を禁じ、木戸口に於て入場券と共にマスクの販売を為さしめると云ふ騒ぎ、信者求道者又は其家族にして罹病者もあり、人心は戦々兢々たるに係らず、教勢には何等障害なく、僅に日曜学校生徒の出席が減少せしのみにて、大人の出席者増加し、礼拝の如きは平均十名を算ふるに至れり……」

『るうてる』七月一五日号は、松本學明の追悼特集として「五月二十八日午前三時三十分溘焉として眠りに就く」と伝えています。

八月三日、霊南坂教会の若い伝道師三宅正彦が「流行性感冒により早死」と、組合教会の逝去教職の追悼集『天上之友』に掲載されています。

八月二八日、横濱指路教会の協力宣教師「ヘンリー・ルーミスが急に変調を来たし逝去」と、横濱指路教会の機関誌『指路』が記録しています。因みにこのルーミス宣教師は最初期の宣教師の一人で、植村正久たちに讃美歌『主我を愛す』を初めて教えたとされています。

そしてこの時期を境に、さしものスペイン風邪の大流行も収束して行きます。

5　スペイン風邪は何故忘れられたのか

以上、当時の資料から、スペイン風邪がキリスト教会やキリスト教主義学校などにどのような深刻な影響を及ぼしたかについて紹介しました。しかしこれほどのことがあったのに、そしてこれほどの犠牲者が出たにもかかわらず、その後の教会の歩み、キリスト教の歴史において、スペイン風邪のことは忘れられてしまったのです。しかしそれは何故でしょうか。

先ずあげられるのは、その三年後、すなわち一九二三年（大正一二年）九月一日に起こった関東大震災です。地震による建物の倒壊、震災直後に各地で起こった大規模な火災、そして津波の被害によって一〇万五千人の人々が亡くなりました。また流言飛語によって多数の朝鮮人・中国人たちが虐殺されたことも知られています。その社会的・経済的な影響も大きなものでしたが、何より見た目、視覚的に震災の被害の実情が人々の記憶に焼き付きました。震災の建物被害の詳細を撮影した「震災絵葉書」なるものが残っていますが、見た目にもそれは衝撃的なものでした。それに比べれば、スペイン風邪による四五万に及ぶ死者たちは、各地でみんな静かに亡くなっていったと言えます。

この国では、戦争や災害の犠牲者を追悼するために、各地に慰霊碑や追悼碑が数多く建立されています。しかしスペイン風邪の死者を覚える記念碑の類は、皆無ではありませんがほとんど見られません。そこに疫病による犠牲者が忘れられる構造が伺われます。

第二に当時のマスコミ、新聞報道の問題があります。まだラジオ放送は始まっていませんでした。歴史人口学者・速水融の『日本を襲ったスペイン・インフルエンザ』には、収集した当時の各地の新聞記事が数多く紹介されています。それを見る限り、新聞はかなり的確にスペイン風邪の脅威を、そしてその被害の実態を伝えています。しかし当時の新聞の多くは、言わば地方紙でありました。それぞれの地域をスペイン風邪が襲ったとき、その地方の新聞はその脅威と被害の大きさを報道していました。しかし三週間、一ヶ月経ってその地方での流行のピークが過ぎると、もう後追い報道はなされませんでした。当時の新聞の切り抜きを並べてみると、相当な量の報道がなされていたように見えますが、地域を限って見ると、その報道範囲は限定されたものであったと言えます。

加えて、一九一八―二〇年のこの時期は、世界的な事件や政治的な変動の時代でした。第一次世界大戦が終り、戦後の不景気が日本経済を直撃しています。米騒動が起こったのはまさに一九一八年（大正七年）八月のことでした。第一次世界大戦とその終結は、国際政治にインパクトを与え、アメリカ大統領ウィルソンの提唱によって国際連盟が発足し、そこで謳われた民族自決の主張が一つの契機となって、朝鮮では三一独立運動が起こり、中国では五四抗日運動が始まります。当時の新聞などの報道も、それらの大事件の報道に追われ、スペイン風邪についての総合的な調査報道はついになされませんでした。

そしてなにより、スペイン風邪の正体がまだ解明されていなかったことも大きかったようです。ウィルスそのものがまだ発見されておらず、様々な仮説はありましたが、一般には「悪性の風邪」、「たちの悪い流行病」としか認識されていなかったこともあります。そしてスペイン風邪の場合、地域によっては僅か三ヶ月から半年で流行は終熄し、別の地域に移っていったことがありました。

それゆえ、当時の教会にとって、スペイン風邪は信仰的、神学的な問いかけとは受け止められませんでした。公衆衛生がまだ整備されておらず、結核などの感染症による死が、日常生活の身近にありました。それは、悲しむべき事態ではあっても、外的要因による死、病気による死者として理解され、信仰への問いとしては理解されなかったのではないでしょうか。

もう一つ付け加えれば、これらのキリスト教関係の罹患者の場合、資料に見る限り、その多くが比較的手厚い医療を受けています。入院したり（当時の入院費は高額で、ベッド数も限られていました）、自宅で療養する場合でも、医師や看護師の往診を頻繁に受けています。それは経済的にある程度余裕があることを示しています。スペイン風邪の第二波（一九二〇年一月）襲来の際、東京の下町の火葬場が遺体で溢れ、焼骨が間に合わなくなったという報道があります。特に下町の貧しい人々、医療を充分に受けられない人々の間で犠牲者が多く出たことは容易に想像されます。そして当時のキリスト教は、どちらかと言えば経済的にゆとりのある中産知識層に偏っていたことも、その背景にあったと思われます。

因みに、この当時、人々の苦難や災害に対して敏感に反応し、具体的な救援活動を展開した賀川豊彦が、このスペイン風邪の流行についてどのように対応したかについても、手を尽くして調べてみました。しかし残された資料にその痕跡は見出せませんでした。あの賀川にして、スペイン風邪はその眼中に入っていなかったことになります。

それに関連して言えば、日本の教会が災害の問題や社会の問題を自分たちの課題として考えるようになったのは、関東大震災以降のことであったと言えます。各教派に社会委員会が出来たのは、賀川豊彦や日本基督教聯盟による震災の被災者救援活動の経験を経てであったのです。日本メソヂスト教会に、組合教会に、そして最も遅れて日本基督教会に社会委員会が設置されたのは、関東大震災を一つの契機としてでありました。スペイン風邪はそれ以前のことであったのです。したがって、当時、自然災害や感染症の拡大の問題は、依然として教会の課題、神学的な課題ではあり得なかったと言えます。そこに、その後も続き、そして現在にまで至るこの国の教会の体質というか課題があると言えるのではないでしょうか。

6　最後に、COVID―19（新型コロナウィルス感染症）との関連で

一〇〇年前のスペイン風邪（インフルエンザ）によるパンデミックと、今回のCOVID―19のパンデミックには、多くの共通する点があります。一〇〇年前の資料を読み込んでいて、現在と全く同じ状況をいくつも見出しました。もちろん一〇〇年前と現在とでは異なる点もたくさんあります。医療環境も違っていますし、マスコミによる報道も大きく異なっています。しかし、そこで私たちが一〇〇年前の歴史から学ぶことは何でしょうか。簡潔に私自身が考えさせられていることを、最後に短く記します。

それは第一に、忘れないことです。一〇〇年前の出来事、教会関係だけでもあれほどの死者が出て、深刻な影響があったにもかかわらず、日本の教会はその経験から学ぶことをしませんでした。そして忘れてしまったのです。それは教会の課題ではなく、信仰的・神学的問いかけとは受け止められなかったのです。それが第一の課題です。現代イタリアの若き文学者パウロ・ジョルダーノが、ＣＯＶＩＤ—19の感染拡大の最中に書いたエッセー集の最後で「忘れないでおこう」と繰り返しています（『コロナの時代の僕ら』早川書房）。「コロナ後」の世界をあれこれ詮索する前に、この間の出来事、そこで亡くなった人たちのこと、そこで私たちが考えさせられたこと、そして学ばされたことを決して忘れないようにしなければなりません。

第二は、現在、世界で起こっている出来事、各地で今も続く戦争、繰り返される自然災害、そして疫病（＝感染症）について、私たちがキリスト者としての関心をもち続けることです。それは、明らかに私たちの信仰への問いかけを含んでいるのです。特に、地球の生態学的な危機に対する問題意識を持つことです。この間立て続けに起こっている新型感染症のほとんどは、限度を超えて人類が自然を破壊して来たことと無関係ではありません。「解放の神学者」レオナルド・ボフが、既に次のような厳しい指摘をしています。「生態系への破壊、環境破壊の脅威こそ、私たちの時代の最も重要な宗教的で霊的な問題ではないか。基本的な問題は、もはや何か特定の宗教的伝統の未来の問題ではない。どれほど多くの宗教が、自らのメンバーの拡大に固執していることか。どれほど多くの諸宗教が、未だに生命そのものの複合的なサバイバルに専念するのではなく、自分自身の組織的生き残りに専念していることだろうか。」（L.Boff/M.Hathaway「解放への道」二〇〇九年、福嶋揚の教示による）

さらに考えさせられた第三のことは、この一九一八―一九二〇年（大正七～九年）のスペイン風邪大流行のわずか三年後、一九二三年（大正一二年）に関東大震災が起こり、さらにその八年後、一九三一年に満州事変が始まっている事実です。それは、内村鑑三が再臨運動の中で繰り返し語ったことでした。内村の預言者的なリアリティーは今なお失われていないのです。確かに歴史はそのままでは繰り返さないでしょう。しかしこれらの出来事は、教会の外で起こっている他人事ではありません。それは私たちの教会の課題であり、私たちキリスト者の信仰的・神学的課題であると言わなければならないのではないでしょうか。

【参考文献】
アルフレッド・W・クロスビー『史上最悪のインフルエンザ』（みすず書房、二〇〇四年）
速水　融『日本を襲ったスペイン・インフルエンザ』（藤原書店、二〇〇六年）
内務省衛生局編『流行性感冒　「スペイン風邪」大流行の記録』（東洋文庫七七八）平凡社、二〇〇八年
ジョン・バリー『グレート・インフルエンザ』上下（ちくま文庫、二〇二一年）

コラム1　病む者への眼差し

堀　成美

カルタゴの司教聖キプリアヌス（二〇〇頃―二五八）が詳細な記述を残していることから「キプリアヌスの病」と呼ばれる疫病が、具体的に何であったかは不明である。主な症状は下痢と脱水、重篤な咽頭炎、嘔吐、眼の充血、四肢の壊死、歩行不能、聴覚と視覚の喪失を伴い、歴史学者のマクニールは、天然痘か麻疹と推測している。紀元二五一年頃に広がり始め、一五年から二〇年間もの長期にわたりローマ帝国内に大きな被害を出し、「ローマでの死亡者数は一日あたり五〇〇〇人」と記す資料もある。

疫病の流行に当時の社会はどのような対応をしたのだろうか。流行初期のガルス帝は疫病終息の祈願を込めて貨幣を鋳造した。ヴァレリアヌスと息子のガリエヌスの共治帝時代も貨幣を鋳造した。カルタゴの司教キプリアヌスは「死を免れないこと」を信徒に対して語った。キプリアヌスが司教をしていたカルタゴでは、（1）キリスト教徒と異教徒の区別なく介護すること、（2）感染への恐怖のため家族からも忌避され埋葬されずに路傍に倒れている死体を適切に埋葬すること、が促されていた。

安静や栄養補給などの基本的な対応は救命率を上げたであろうし、結果として生き延びる人たちの存在は多くの人の希望へとつながったと考えられる。また、発症者との接触において同じように発症して命を落とすキリスト教徒も当然いたが、同時に免疫を獲得した疫病に強い集団がつくられ、そのことが神の救いや栄光との理解や認知、キリスト教への信頼につながっていったことも容易に想像できる。看病の結果亡くなったキリスト者は殉教者と見なされた。根底にある「兄弟愛」（φιλαδέλφεια）は、疫病に負けない社会づくりの力、キリスト教の拡大に寄与したと考えられる。

参考資料：R・スターク『キリスト教とローマ帝国』、第四章「疫病・ネットワーク・改宗」、新教出版社、二〇一四年
土井健司「『キュプリアヌスの疫病』考――古代キリスト教におけるフィランスロピア論のための予備的考察」、『神学研究』62、二〇一五、三五―三九頁

スペイン風邪と日本カトリック教会

カトリック系逐次刊行物史料を中心に

三好千春

はじめに

本題に入る前にお断りしておかなければならないことは、スペイン風邪とカトリック教会に関する史料は数も非常に少ない上に、史料的に扱える地域にも大きな偏りがあり、全体像はよく分からないということです。それをご説明するために、まず、一九一〇年代後半の日本カトリック教会の状況をお話するところから始めたいと思います。

日本におけるカトリック教会は、一八九一年に司教位階制度（それぞれの地域に一人の司教を置き、その下に司祭たちが司教の権限を分け持つかたちで教会を統治する制度）が確立し、四つの司教区（教区と呼ばれる）が成立しました。北から、函館司教区（北海道・東北六県・新潟県）、東京大司教区（関東甲信・中部地方）、大阪司教区（近畿・中国・四国地方）、長崎司教区（九州・沖縄）です。この四つの教区はいずれも、パリ外国宣教会という、フランスの宣教会（私有財産を保有できる教区司祭たちによるアジアの宣教を目的として生まれた会で、修道会ではない。当時の入会者はフランス人のみに限られていた）が担当していました。

しかし、二〇世紀に入ると、長崎以外の三つの教区から知牧区（宣教地でまだ教区となるには至っていない、「知牧」と呼ばれる特別な統治権を与えられた司祭が管轄している地区）が分離・成立するようになり、一九一〇年代後半には、札幌知牧区（函館地区を除く北海道。フランシスコ会が担当）、新潟知牧区（秋田・山形・新潟・富山・石川・福井の六県。神言会が担当）、四国知牧区（四国。ドミニコ会が担当）が誕生していました。

つまり、スペイン風邪の時代、日本のカトリック教会には、四つの教区と三つの知牧区があったわけですが、それぞれが抱える信者数には大きな隔たりがありました。

スペイン風邪の本格的流行が始まった一九一八年の各教区・知牧区の信者数統計を見ると、札幌知牧区は一、〇九一人、函館教区は二、八八四人、新潟知牧区は四四九人、東京教区は一〇、三九六人、大阪教区は四、六二五人、四国知牧区は不明ですが、新潟知牧区と大差なかったのではないかと思われます。そして、長崎教区が五四、五四一人でした。

これを見ればお分かりのように、当時の日本カトリック教会には七万五千人ほどの信者がいましたが、そのうち、長崎教区の信者が全体の四分の三近くを占め、圧倒的だったわけです。ですから、当然、この長崎教区においてスペイン風邪がどう流行したのか、死者数はどれくらいか、教会はどう対応したのか、などを明らかにすることが、スペイン風邪と日本カトリック教会というテーマにおいて重要なこととなります。

ところが、長崎教区の独自の逐次刊行物として、現在に至るまで多少タイトルを変えつつも刊行が続いている『長崎カトリック教報』(現在は『カトリック教報』)は、一九二八年から発行が始まるため、スペイン風邪流行当時の長崎教区の様子を知る手がかりとしての逐次刊行物が、スペイン風邪流行時にはありません。

また、当時、『声』という、一九一一年に四つの教区がカトリック教会の機関誌として公認し、カトリック信者に読むよう推奨していた逐次刊行物がありました。これは日本カトリック教会の半ば公的な雑誌という位置づけだったため、いろいろな教区・知牧区のニュースなども掲載されていましたが、これにも長崎教区におけるスペイン風邪については全く出てきません。

そして、長崎教区を担当していたパリ外国宣教会が、毎年パリの総本部に向けて書き送っていた『年次報告』にも、スペイン風邪に関する記述は見当たらず、長崎教区関係の教会(小教区)の一〇〇年誌などの記念誌類も、可能な限り調査してみましたが、やはりそれらの中に関係する記載を見つけることはできませんでした。

そのため、外国からの人の出入りが盛んだった港があり、日本における最大の信者数を抱える長崎教区におけるスペイン風邪に関する状況について、本稿では全く触れることができないという、残念な調査報告となります。

それに加えて、四国知牧区や新潟知牧区の状況も不明ですし、東京教区の状況もよくは分かりません。多少なりとも分かったのは、札幌知牧区、函館教区、大阪教区に関してだけです。それも、全部合わせて一〇ほどの史料しかありません。

そこで、この乏しい史料に登場する個人とその背景をできるだけ浮かび上がらせる形で、これからスペイン風邪とカトリック教会について綴っていきたいと思います。なお、史料に登場する司祭（神父）は、みなパリ外国宣教会の所属です。

1　スペイン風邪第一波

スペイン風邪が日本に本格的に上陸したのは、一九一八年九月末から一〇月初頭にかけてとされていますが、この時期の日本カトリック教会は、特殊な状況にありました。というのは、ヨーロッパで一九一四年から戦われていた第一次世界大戦の影響が、日本カトリック教会にも及んでいたからです。それは、多くのフランス人宣教師が第一次世界大戦に召集され、日本を離れたからでした。

フランスでは、一九〇五年に政教分離法が公布され、徹底した政教分離が行われており、聖職者といえども兵役義務を逃れることはできませんでした。そのため、第一次世界大戦の勃発と同時に、一般の人々と同様に、聖職者や神学生たちも召集されました。戦場へと赴いた聖職者・神学生の数は合計で約二万五千人に上り、その中に日本で活動していたフランス人宣教師も含まれていたのです。

パリ外国宣教会が担当していた四つの教区からの動員人数をみると、一九一八年段階で、函館教区では二一人中九人が、東京教区では二四人中一二人が、大阪教区では二五人中四人が、長崎教区では二五人中九人が、召集されて日本を離れていました。そのため、日本のカトリック教会は人員不足に悩まされると共に、日本人の信者たちはフランスの戦況に関心を寄せ、一部の教会では、出征している宣教師のために祈ったり、犠牲を捧げたりしていました。

そして、スペイン風邪が日本で流行し始めた時というのは、日本カトリック教会にとっては、ちょうど第一次世界大戦がいよいよ終わろうとしていて、既に、戦場からフランス人宣教師たちが少しずつ日本に戻り始めていた時期にあたっていました。

最初にスペイン風邪について触れた逐次刊行物は、『声』第五一六号（一九一八年一一月）で、「社友消息」という小さな欄においてでした。そこに、社友（購読者）である東京の信者である杉山万平という人物が、一九一八年一〇月二五日に「流行性感冒の結果余病を発して不幸にも永眠」し、同月二七日に築地カトリック教会で葬儀が行われた、という内容が掲載されたのです。

東京では、一〇月二四日に各新聞が一斉にスペイン風邪の東京来襲を報じ始めており、まさに杉田万平は大流行が始まった、そのとば口で犠牲となった人々の一人でした。ただ、杉山万平が何をしていた人なのか、何歳で死去したのかといった個人的なことは、残念ながら分かりません。

ついで、一〇月二七日午後二時から開催予定であった公教青年会第一八例会で、一九一八年にヨーロッパから帰ってきたばかりのルモアヌ神父が、「戦争と神の摂理」と題する講演を行う予定であったのに、当の神父が「俄然流行の西班牙風邪に罹り」中止となったというニュースが、『声』五一七号（一九一八年一二月）に掲載されました。

このルモアヌ神父というのは、一八九四年に来日し、一八九八年にペリ神父と共に、のちにフランス書籍専門書店も兼ねることになる、三才社という出版社を立ち上げ、京都で創刊された雑誌『声』

の発行を一八九九年に引き受けた（一九一二年に教友社に移管）人物でした。第一次世界大戦には一九一五年に召集され、ヨーロッパの戦場では陸軍病院付、ついで参謀本部付の衛生兵を務めました。幸い、この時ルモアヌ神父はスペイン風邪から回復し、実際に世を去ったのは一九四一年でした。

さて、以上二つの記事から、東京でスペイン風邪が大流行する中、カトリック教会も無傷ではいられなかったことが伺えますが、これ以外の史料はないため、スペイン風邪が教会のミサにどのような影響を及ぼしていたのか、スペイン風邪によるカトリック信者の死者はどれくらいだったのか、などの詳細は一切不明です。

この他、第一波に関する史料としては、北海道（札幌知牧区・函館司教区）に関するものが二つありました。一つは『光明』、もう一つはパリ外国宣教会の『年次報告』に記されているものです。

『光明』は、札幌に誕生したカトリック系の専門出版社である光明社が、一九一六年から発行を開始していた週刊誌で、これには「内外消息」という欄がありました。そこに時折、「室蘭便り」として、室蘭地方の信者の動向が掲載されていましたが、一九一八年一二月のこととして、『光明』第二一一号（一九二〇年一月一一日）に掲載された「室蘭便り」の中に、次のようにありました。

（前略）一昨年の十二月室蘭より巡回旅行をして平取に赴きたる際、其少し以前に彼女（引用者注：イモンツレンというアイヌ女性）の女も婿も死亡し、一人の女孫はインフルエンザに罹り臥床し居り候が、授洗の恵に浴し其より二日後司祭の室蘭に帰りし日、彼女も美しき永遠の故郷なる天国へ旅立ち候。

ここに出てくる平取（ピラトリ）は、イザベラ・バードも一八七八年に訪れたアイヌの集落で、今もアイヌの伝統が色濃く残る二風谷がある所ですが、当時はアイヌのカトリック信者たちがおり、そこに神父が時々巡回していたようです。

室蘭の宣教は、一八九一年からパリ外国宣教会によって始まり、一八九三年に教会が建てられました。パリ外国宣教会は室蘭を「アイヌ民族の為に特設された拠点」（『パリ外国宣教会年次報告』函館教区 一八九三年）とみなし、アイヌの人々への宣教に力を入れていましたが、それは、当時の室蘭が属していた函館教区のベルリオーズ司教がアイヌの人々への宣教に強い意欲を抱き、彼自身アイヌ語を習得してアイヌ語で教理書を作成するほどであったことが背景にありました。ただし、スペイン風邪が流行した時期には、フランシスコ会が函館地区を除く北海道全域の宣教を担当するようになっていました。

この平取に住んでいたイモンツレンというアイヌ女性は、カトリックの洗礼志願者で、自らも一九一九年一一月に亡くなりましたが、彼女の孫娘はスペイン風邪にかかって、イモンツレンより先に、臨終洗礼を受けて亡くなったのでした。

平取について、この記事は、今もなお両岸にはクマが住むサル川沿いにある集落、という風に紹介していますので、当時はかなり辺鄙な地であったと思われますが、そこにもスペイン風邪のウイルスは到達し、若いアイヌ女性の命を奪ったのです。

一方、『年次報告』（函館教区 一九一九年）には、以下のように当別（現・北斗市）にあるトラピスト修道院（男子）でのスペイン風邪による死者に関する情報が記されていました。

感冒がこの地方の至るところで猛威をふるった。それはトラピストの神父たちを大いに悩ませた。二人の神父は死亡した。しかし宣教会の共同体の中で、また我らのレジデンスでは、それほど悪い結果は生じなかった。

このように『年次報告』では、当別トラピスト修道院で二人の神父がスペイン風邪によって死亡した、と記されています。ところが、実はこれは誤りで、トラピスト修道院の記録にはそのような事実はありませんでした。

しかし、その代わりに、一九歳のマウリチオ久保田熊平が、スペイン風邪のために死亡していたことが分かりました。久保田熊平は、一五歳でトラピスト修道院に入り、フランス人神父からラテン語を学びつつ、修道院内で外部からの講師により中等普通科の教育を受けていましたが、不幸にもスペイン風邪にかかり、一九一八年一二月一日に死去しました。彼は若すぎて修道誓願を立てることができなかったため、「献身者」という身分で修道院内の墓地に葬られました。

さて、第一次世界大戦に日本から動員された多くのパリ外国宣教会の神父たちの中に、一九一五年に召集され、戦場では担架兵であった、大阪教区のカスタニエ神父がいました。彼は一九一八年七月六日に、前年五月に亡くなったシャトロン大阪司教の後継者に任命され、八月二九日にフランス中央部にあるオーリヤック教会で司教に叙階されました。

そのカスタニエ司教は一九一九年一月にアメリカ経由で日本に戻ってきますが、その際に司教がサンフランシスコから乗船した天洋丸の船内は、「便乗船客の中、百五十人、流行感冒に罹り、十人死亡せる者あり」という、スペイン風邪が蔓延して死者が一〇人も出る恐怖の「洋上の密室」状態となりました（「大阪司教閣下の帰朝」『公教会月報』一〇八号　一九一九年三月）。

幸い、カスタニエ司教自身は何事もなく、無事に一月二七日に神戸に到着しますが、今なら、インフルエンザ・ウイルスが蔓延している船内に何日もいた人は隔離され、他の人々との接触を厳しく制限されるところです。しかし、当時、そのようなことは行われていなかったようで、司教を出迎えようとランチに乗船した二〇人以上の司祭たちが沖合で天洋丸に乗り込んで、入港する司教に随行し、さらに波止場でも大阪から駆け付けた信者たちが司教を出迎えています。

カスタニエ司教は神戸に一泊し、翌日大阪に向かいましたが、梅田駅では、大阪市内の四教会からの信者たち、および職員に引率されたカトリック系の明星商業学校（マリア会経営）と信愛高等女学校（ショファイユの幼きイエズス修道会経営）の生徒たちが司教の大阪到着を歓迎し、その様子を描写した『声』第五二〇号（一九一九年二月）の記事「大阪司教閣下の御着阪」には、駅前はかなりの雑踏となり、見物の群衆が黒山を築いたとあります。そして、司教はその後、多くの司祭・信者・生徒たちでぎっしりの川口教会（当時の司教座教会）で着座式を挙行しました。

感染予防対策として三密を避けることが基本となっている現在の目からすると信じられない光景の連続で、ここに集まった信者の中でクラスターは発生しなかったのか気になる所ですが、その点については、全く分かりません。

また、この大阪教区には、第一波でも第二波でもスペイン風邪にかかったという、イシドール・シャロン神父がいました。当時、シャロン神父は姫路教会の主任司祭でしたが、彼がスペイン風邪にかかって瀕死の状態になったことが『姫路教会史』（八巻顯男編　一九七二年）に書かれています。（次に引用する文章では、シャロン神父がスペイ風に罹患したのは一九一九年となっていますが、これはその続きを読むと一九一八年の間違いと思われるため、一九一八年および一九二〇年の二回、スペイン風邪にかかったと理解しています。）

シャロン師は、その間、余りの活躍が体にこたえたのか、一九一八年にマラリアにかかり一九一九年及び一九二〇年には当時全世界に多数の犠牲を出したいわゆる『スペインかぜ』（流感）にかかり、その病状は二回とも肺炎を伴い、かなりの重症であった。一九一九年の降誕祭には、彼はたいへんつかれていて、一二月二七日には豊岡で倒れ、やっとのことで姫路に帰ったが、姫路の教会で人事不省に陥って倒れ二月一一日にやっとミサを再開することができた。然し、その打撃はひどくて、疲れは依然として大きかった。それにもかかわらず、はたすべき困難なつとめがあった。それでも、健康が全快しないのに、冬までは、なお降誕祭の大祝日のつとめをはたすことができた。

このように、一九〇七年から姫路教会の主任司祭を務めていたシャロン神父は、一九一八年一二月二七日に豊岡で倒れて、やっとの思いで姫路に戻った後、スペイン風邪が原因の重度の肺炎によって人事不省となり、なんとかミサができるまでに回復したのは一九一九年二月一一日のことでした。シャロン神父は一八六七年三月生まれですから、死線をさまよったのは五一歳の時だったことになります。

彼の病状がこれ程までに悪化した原因の一つは過労であったと思われますが、実は、それには第一次世界大戦が関係していました。

一九一四年八月二三日、第二次大隈重信内閣は、日英同盟を口実にドイツに宣戦布告して、第一次世界大戦に参戦しました。そして、ドイツが租借していた中国の山東省東部にある膠州湾の都市、青島を攻略しました。青島要塞にいたドイツ軍は降伏し、約四、五〇〇〇人のドイツ人およびオーストリア人が捕虜（当時の言い方では俘虜）となり、彼らは日本に送られ、そのうちの一部の捕虜たちが、姫路の三つの寺に収容されたのです。それを知ったシャロン神父は、日本陸軍に働きかけて、カトリック信者の捕虜たちのためにミサを行う特別許可を獲得しました。そして、一番多く収容されていた寺では、毎週日曜日に、より人数の少ない他の二つの寺では、それぞれ火曜日と木曜日にミサを捧げていました。

その後、収容先の寺が狭くて不便であること、戦争が終結せず、なかなか捕虜が解放されないことなどから、一九一五年一〇月に捕虜たちは、姫路から五〇キロほど離れた青野原俘虜収容所（現・兵庫県小野市の自衛隊青野原駐屯地）に移されました。それに伴い、シャロン神父は、日曜日ごとに姫路から青野原まで通って、約二五〇人のカトリック信者の捕虜たちのためにミサを捧げるようになりました。青野原でのミサの後、姫路に戻り、今度は姫路でミサを捧げるという生活が三年間続いたのです。

それに加えて、一九一八年一月からは、那波（現・相生市。これについては後述）にも信者の司牧のために出向いていたのですから、疲れ切っていたのも無理ありません。シャロン神父のスペイン風邪感染の背後には、第一次世界大戦が影を落としていたのです。

2　スペイン風邪第二波

一九一九年一〇月から、日本で再びスペイン風邪が流行し始めますが、『日本を襲ったスペイン・インフルエンザ』（速水融　藤原書店　二〇〇六年）によれば、この第二波において、最大の死者を出したのは近畿地方でした。

京阪神地方を本格的にスペイン風邪第二波が襲ったのは、一九一九年の年末からで、翌一九二〇年一月初旬には、大阪市民の一日あたりの死者数は三七〇人と一気に跳ね上がりました。そして、この第二波において、パリ外国宣教会は、遂に犠牲者を出しました。

それについて、パリ外国宣教会の『年次報告』（一九二〇年　大阪教区）は次のように報告しています。

一九一九年一二月、我らは我らの最年少者シロル師が、伝染病スペイン風邪でわずか数日で奪い去られるという悲しみを経験した。この試練は、この宣教師が特に恵まれた人であっただけに一層辛く感じられた。それに若い人は、我らのうちに実に数少ない！

ここで亡くなったルイス・シロル神父は、一八八九年九月五日にフランスはエロー県モンペリエに生まれ、一七歳でパリ外国宣教会に入会したという人物です。若すぎたために神学校卒業後もパリでは叙階されず、ローマに送られて更に神学を学んだ後、一九一二年九月二九日に二三歳で司祭に叙階されました。その後、日本に派遣され、一九一二年一二月二七日に（パリ外国宣教会の記録。『公教家庭の友』の記事では一二月二六日）大阪に到着し、日本語を学んだあと、一九一四年二月に舞鶴教会の担当となりました。

彼は病弱だったからか、第一次世界大戦には召集されませんでしたが、召集されたブスケ神父の穴を埋めるために呼び戻されて北野教会を担当した後、一九一九年にスペイン風邪にかかった時は、川口司教座教会で主任司祭として忙しく働いていました。一九一九年一二月二七日、奇しくも七年前に日本に到着した日に亡くなった時、彼はまだ三〇歳でした。（追記・シロル神父の小伝や臨終の様子は『公教家庭の友』第二号に掲載。）

シロル神父は体が弱かったにもかかわらず、司教座教会では数多くの仕事をこなしていましたから、スペイン風邪に斃れた要因の一つは過労だったかもしれません。そうすると、彼のスペイン風邪罹患の遠因も、第一次世界大戦が関係していたことになります。何にせよ、大阪教区で働くパリ外国宣教会の司祭の中で最年少であった彼の死は、会にとって大きな痛手となりました。

このシロル神父の死の打撃の中、翌一九二〇年一月に、姫路教会のシャロン神父が再びスペイン風邪にかかりました。先ほど挙げた史料の続きには「一九二〇年（大正九年）一月一二日流感のはげしく流行している時那波の流感の患者に終油の秘跡を授けるために、晩八時に呼ばれ、翌日帰ったが、また肺炎を再発した」とあります。

彼は、一九一八年暮れに一度スペイン風邪にかかっていて、抗体を持っていたはずですが、当時の記録によれば、たまに第一波・第二波ともにスペイン風邪にかかる人たちがいたので、シャロン神父もそのような人たちの一人だったのでしょう。それは、一回目のスペイン風邪の打撃から神父の体力が回復せず、弱ったままであったことも関係していたと思われます。幸い、シャロン神父はこの時も命を取り留めますが、この二度の重症の肺炎は、彼の身体に大きい打撃を与えたことでしょう。

ところで、この史料中に出てくる那波というのは、第一次世界大戦中に軍艦を建造するために、当時、日本一の総合商社となっていた鈴木商店が既にそこにあった造船所を買収し、播磨造船所と改称してさらに拡張した所です。その播磨造船所には、長崎県浦上からの信者たちも働きに来ており、当時、那波には仮聖堂が生まれていました。その信者たちの中でスペイン風邪にかかり亡くなった人がいたわけで、殆ど記録されていない一般信者のスペイン風邪罹患状況の一端をわずかに伺うことができます。

この近畿地方で猖獗を極めたスペイン風邪は、神父だけでなく、神戸の若い修道女の命も奪いました。大阪教区で刊行されていた月刊誌『公教会月報』をリニューアルした『公教家庭の友』第二号（一九二〇年一月）には、

神戸市山手通聖家族幼稚園在職のヨハ子境すみの童貞、一月六日流行感冒に罹りて、八日肺炎

となり、欣然として終油の秘跡を授かり、九日安然莞爾として帰天せり。齢二十八二カ月余なり。遺骸は十一日午後神戸天主堂にて大阪司教閣下の赦祷式にて葬儀を営まれ二霊父の先導にて夥多の童貞公教信者より夢野の墓地に送られ、此処にしてイエズス・キリストの再来を待てり。

と、ショファイユの幼きイエズス修道会の修道女だった境スミノが、二八歳でスペイン風邪のために亡くなったことを伝える小さな記事（「童貞の訃」）が掲載されています（童貞というのは、当時の修道女の呼び方）。

境スミノは、一九一二年一二月三一日にショファイユの幼きイエズス修道会の修練者（修道誓願を立てる前の入門準備期として通常二年間の養成を受ける人）となり、シスター・ジョアンネス（ヨハネ）の修道名を与えられました（幼きイエズス修道会日本管区編『途杖一〇〇年』一九七七年）。その後、修道誓願を立てて、感染当時は神戸市にある、修道会が運営していた聖家族幼稚園で働いていました。一八七七年に来日したショファイユの幼きイエズス修道会の修練院は、一九〇五年からしばらく閉鎖された後、一九一〇年に再開され、すぐに三人の志願者が入会しましたが、境スミノはそのうちの一人でした。

この他、具体的なスペイン風邪による死者について語る史料としては、札幌知牧区のものがあります。『光明』第二一四号（一九二〇年二月一日）の「通信」に、

早くより両親を失はれ、老母と倶に熱心敬虔の評高かりしエリサベット高岡花子氏（拾八歳）

は、去月十一日流行性感冒の為め突然死去翌十二日広島村公教会に於て葬式執行さる。

と、一八歳のエリサベット高岡花子がスペイン風邪のため一九二〇年一月一一日に急死し、翌日広島村（現・北広島市）教会で葬儀が行われたと記録されていたのが、それです。

北海道のスペイン風邪は、一九一九年一二月中旬から翌年一月にかけて猛威を振るい、特に札幌は最大の被害を出した地域で、一九二〇年一月一日から二七日の間のスペイン風邪による死者は二〇九人に上りました。その札幌に近い札幌郡広島村に住んでいた高岡花子も、この流行から免れられず、若い命を落としたのでした。彼女は両親を早く亡くして祖母と共に暮らしていたようですが、子供の上に孫も失って一人残された祖母の嘆きは、さぞ深かったことでしょう。

日本カトリック教会の逐次刊行物で、スペイン風邪に言及している最後のものは、『声』第五三六号（一九二〇年七月）の「彙報」です。そこには、

本年は流感その他の故障ありて延期されつゝあった東京六教会連合の委員春季懇談会も愈よ好機を得て去る五月三十日三位一体の祝日午後二時より築地公教会の伝道館大広間に開催せられた。

と、スペイン風邪の流行の為に延期されていた東京六教会の集まりが五月三〇日に開催されたと記されていました。

一九二〇年一月、東京でのスペイン風邪の流行は猖獗を極め、患者数は九万人を超え、一日の死亡

者もピーク時の一月一九日には三三七人に達していました。このようにスペイン風邪が猛威を振るったため、教会は感染を避けるために大きな集会を延期していたようです。スペイン風邪が猛威を振るった大変な時期を潜り抜けて、やっと集まりができるようになったと、ほっとした気分が漂っているようにも感じられる記事です。

と同時に、あの感染爆発のような東京で、六つの教会はどのような影響を受けたのか、信者でスペイン風邪に斃れた者はいなかったのか等、何の詳細も分からないことがもどかしくもあります。

以上、カトリック教会内のスペイン風邪による死者や感染者に関し、主に逐次刊行物史料によって語ってきましたが、最後に、少し毛色の違う史料をご紹介します。それは、「天使園」と呼ばれていた、函館の上湯川にあるトラピスチヌ修道院（女子）が、当時製造・販売していた「タンニョール」と呼ばれる一種の健康飲料とスペイン風邪に関するものです。

タンニョールというのは、クルミのエキスから作られた甘い飲み物で、増血に効果があるとされ、一種の強壮剤として販売されており、スペイン風邪流行時の一缶の値段は、一円八〇銭でした。トラピスチヌ修道院がこれを製造・販売し始めたのは、スペイン風邪流行開始より三年前の一九一五年のことで、一九五一年七月まで製造していました。

このタンニョールを東京で取次販売していたのは谷口健次郎という人物でしたが、彼は一九一九年一二月から翌年二月にかけて、つまり、東京でスペイン風邪が流行し始め、年が明けて本格的に猛威を振るった期間、『声』に毎号、都合三回にわたってタンニョールの広告を出していました。

その広告文をみると、次のようにタンニョールについて謳っています。

「インフルエンザだの諸種の感冒だのを予防するには如何したら良かろうか」是は世の人が毎日々々考える問題である。

感冒とは一種の熱病であって必しも時候や伝染から来るとは定まって居らぬ血液の分解又は滋養の不足などに因ることが多いのである。天候の変化殊に気候の変化の際には弱い人は特に滋養に富む食物を摂取して純潔なる血液を増し体温を高めて、インフルエンザ等の外敵に対する抵抗力を身体に与へる必要があるのです。

此タンニョールは斯る理由によって右の諸病の他あらゆる病気の予防に頗る適するものである。

（後略）

現代の新型コロナウイルス感染症の流行においても、感染症に負けないよう免疫力を高めるためと謳うサプリメントの広告などを目にしますが、この広告文を見ると、一〇〇年前も同様の理屈で、タンニョールを販売しようとしていたことが分かります。

また、当時、スペイン風邪がウイルスによるものだということはまだ解明されておらず、病原体は不明であったため、インフルエンザは伝染から来るとは限らず「血液の分解や滋養の不足」で起こることが多いといった説明がこの広告文に見られるのも、当時の人々のスペイン風邪に対する理解の一端が伺われて興味深いものがあります。だからこそ、谷口健次郎は、増血に効果があるとされていたタンニョールを買って、スペイン風邪の予防をするように読者に勧めたわけですから。

おわりに

以上、当時のカトリック逐次刊行物を中心に調査して見出し得た史料についてご紹介してきましたが、極めて限定された内容であるため、ここから、カトリック教会がスペイン風邪に対してどのような対応をしたか、教会活動にどのような影響が出たか、どれほどの死者を出したのか等々、具体的なことを考察することは不可能です。

ただ、大阪教区の司祭たちがスペイン風邪にかかって重体に陥ったり、死亡したりした遠因として、第一次世界大戦があったと考えられる点は興味深い発見でした。

また、わずかに分かった死者や感染者について、司祭・修道者・修道女に関しては多少詳細が分かっても、一般信者については、その記事以外のことを知るすべがなく、どのような人であったかについて、より詳しいことを知ることができなかったのは残念でした。

これについては、当時の日本カトリック教会が、第一バチカン公会議の精神（教皇の権威を強化し、全世界におけるカトリック教会の画一化を推進し、司教・司祭による信者への指導・監督を強めた）を導入した後だったことと関係があると思われます。この導入により、信者の活動や自主性は抑制されて信者たちは司祭に対して従順かつ受動的となり、教会を指導する司祭が重要性を増して、いわゆる司祭中心主義が強化されたからです。

こうした教会を覆っていた司祭中心のメンタリティが、司祭や修道者のスペイン風邪による死やスペイン風邪罹患については記録されても、一般信者に関しては、雑誌購読者であるとか、若くして亡くなったといった特性がなければ、何も語られないという記録の偏りを生んだのではないでしょうか。また、今回調査したカトリック系逐次刊行物には、スペイン風邪が日本で大流行し多数の死者が出ていることに関する神学的考察などは全くありませんでした。これは、同じ刊行物に、第一次世界大戦に関する神学的考察がいろいろと記されていたこととは、非常に対照的なことです（日本カトリック教会の第一次世界大戦観に関する考察については、拙稿「日本カトリック教会の第一次世界大戦観―その原因と意義を中心に―」『日本カトリック神学会誌』第三〇号　二〇一九年　をご参照下さい）。

先にも触れたように、第一次世界大戦は、日本カトリック教会に対してフランス人宣教師の大量動員をもたらしました。また、ドイツ人宣教師についても、ドイツからの送金が途絶えて彼らが日本で行っていた様々な事業が滞ってしまう等、第一次世界大戦は日本カトリック教会に眼に見える形で大きな影響を与えていました。実際、個別教会や修道会の一〇〇年誌などにも、スペイン風邪に関しては何も書かれていなくても、第一次世界大戦の影響については言及しているものがいくつもあります。従って、日本カトリック教会でスペイン風邪が忘れられた要因の一つには、このように教会にとって第一次世界大戦の影響がかなり大きかったことがあるのではないかと思われます。

今回、日本カトリック教会内で刊行されていた逐次刊行物を中心に史料を収集し、スペイン風邪とカトリック教会について考えました。しかし、これ以外の史料として重要なものとして、当時の宣教師たちが書いた書簡類があります。例えば、フランス人宣教師たちが総本部宛や他の司祭たちに宛てて書いた書簡は、パリにあるパリ外国宣教会文書館に保存されています。ですから、文書館で、日本に残っていたフランス人宣教師たちが書き送った書簡を調査すれば、スペイン風邪とカトリック教会について、新たな事実が見えてくる可能性は否定できません。そういう可能性を残しつつ、本稿を終わります。

コラム2　グローバルな人口移動と疫病

堀　成美

感染症はヒト・モノの移動にともない拡大していく。ローマ帝国時代に大規模な疫病流行が起きた背景には、道路が整備され交通網が発達し、地域との接触が増えていったこともある。戦争はその最たる要因であり、同時に疫病の影響を恐れて争いごと自体が回避されたりもした。

時代が進んで、キリスト教の宣教活動が「より遠方」を目指しはじめると、旅の途上や宣教先の風土病によって宣教師らが健康や生命を失うという問題がおきた。移動・移住を伴う人々の健康を扱う「渡航医学(Travel Health)」の発達にキリスト教の宣教活動や記録が大きな貢献をしている。「どこで・どのようなときに・誰と・何をする」、そして「X日後に症状が現れる」といった観察が疫病理解の出発点だからである。このような知見が集約され、現代社会においては、「トラベルクリニック」「渡航者外来」が旅行・ビジネス・留学への備えを支援している。外国滞在中の基礎疾患の管理法はもちろん、日本では流行をしていない感染症への備えとして必要なワクチン接種等を行っている。

キリスト教関連団体の短期・長期の海外活動や研修でも、派遣される人たちが事前に現地での健康を守り、感染症を持ち帰らないための情報提供や支援が重要であり、募集要項やオリエンテーションに位置付ける必要がある。感染症対策では自分が感染症にならない工夫がそのまま周囲を守ることにもつながる。予防を呼びかけるときは、恐怖喚起だけなく、隣人も同じように大切にしよう、というスタンスを大切にしたい。

参考資料
石弘之『感染症の世界史』角川ソフィア文庫、二〇一八年
ウィリアム・H・マクニール『疫病と世界史』中公文庫二〇〇七年

スペイン風邪と日本組合基督教会

李 元重

1　はじめに

世界は新型コロナウイルス感染症によって今まで経験したことのない大混乱の只中にいます。二〇二一年三月二七日を基準として、全世界で感染が確認された人数は、一億二六〇〇万を超え、その中で二七〇万近くの死亡者が発生しました。最も大きな被害を受けている国はアメリカで、感染確認者は三〇〇〇万を超えて、五〇万近くの人々が命を失っています。日本は欧米の諸国と比べたらその被害は少ない方でしょうが、それでも四七万近くの感染確認者の内、九〇〇〇人を超える死亡者が出ています。そうした尊い命を失った悲しみにあってなお、一人でも多く救うために全力を尽くしている医療現場は日々逼迫しています。また、感染拡大を防ぐための様々な措置のため、多くの人が生活に苦しんでいます。まさにコロナによる災難、コロナ禍をわたしたちは経験しているところです。

コロナ禍を逃れられないのは、キリスト教教会も例外ではありません。日本の多くの教会が感染拡大の防止として「三密」を避けるために、日曜礼拝を含めて集会を中止したり、簡略化したり、出席人数を制限したりしています。依然として対面礼拝を行う場合も、かつてのように一緒に食事をしたり、楽しくおしゃべりしたりするなどの活動は控えなければなりません。礼拝をオンラインで発信することは、選択肢のひとつではなく、必須となりました。しかし、そのような措置の中では、教会がかつて享受したような活気、生命力を経験することは非常に難しく感じられます。特に教会は「集まること」をその活動の核心として来たからでしょう。集まることができない教会、集まっても積極的な動きができない教会とは何か。このような時代における正しい信仰生活は何か。パンデミックの時代、教会の本質と信仰のあり方は何かなど根本的な問いにわたしたちは直面していると考えられます。

そうした問いを解いていく一つの方法が過去の出来事を振り返ることでしょう。人類は今まで数多くの伝染病や感染症を経験してきました。およそ一〇〇年前人類は初めて全地球的な感染症を経験していました。それが、スペイン風邪といわれるものです。もちろん一〇〇年前の日本の教会もスペイン風邪を経験していました。現代より医学的にも科学的にもまだ発達していなかった時代ではありましたので、ただ今を生きているわたしたちの対応とはだいぶ違うところがあったはずでしょう。それでも、一〇〇年前日本の教会がどのようにパンデミックを経験し、理解したのかをより具体的に知ることで、今わたしたちが何をすれば良いか、どのような信仰で生きるべきかなど学べるところが多いと思います。

本章では、一〇〇年前の日本の様々なプロテスタント教会の中でも日本組合基督教会（以下、日本組合会もしくは組合教会と略します）に注目したいと思います。なぜ日本組合教会なのかと申しますと、組合教会に関わる資料を詳しく調べることができたからです。わたしが日本のキリスト教歴史を学び、また大学生を教えていた同志社大学神学部の図書館と同大学の人文科学研究所資料室には古い歴史資料がたくさん所蔵されています。同志社大学自体がかつての組合教会系の大学でしたので、組合教会の機関紙、毎年の総会報告書、各個教会史などがぎっしり保管されています。そのため、組合教会に立体的なアプローチができ、スペイン風邪を経験していた頃の当教会の全体像を把握することができました。組合教会という一部の教会ではありますが、それを通して日本の教会の様子をある程度理解することもできると考えられます。なお、本論で取り上げている古い引用文はその意味を損なわない限り、読みやすいように書き直しています。

2　日本組合基督教会という教会

まず簡単に日本組合基督教会という教会について説明します。組合教会は、西洋のプロテスタント教会の中で会衆主義（Congregationalism）伝統の信仰が日本で展開された結果として現れた教会です。会衆主義とは、教会の組織と運営において、特定の信仰告白や信条よりも、各教会の独立性と自由を重んじる伝統です。信仰告白の内容は改革主義教会にも近いのですが、教会運営と組織においては自由主義的・民主主義的なのが特徴として挙げられます。一八一〇年に結成され、一時期世界最大の海外宣教団体だったアメリカンボード（American Board of Commissioners for Foreign Missions）という組織の中心的な役目を担ったのが、この会衆主義伝統の諸教会でした。

この組織が、一八六九年にD・C・グリーンという宣教師を神戸に派遣し、日本伝道を開始しました。それ以降たくさんの宣教師が送られ、主に関西地方を中心に伝道が進展しました。その中には青年時代、幕末の日本を脱出し、アメリカで留学して宣教師となった新島襄もいました。新島は一八七四年に日本に戻って、アメリカンボードと山本覚馬の協力で同志社英学校を設立しました。そこに、熊本洋学校出身の優秀な一群の青年たち（熊本バンドとも言われます）が加わり、同志社は組合教会の拠点になります。一八八六年に総会を開き、日本組合基督教会を正式な名称とします。長老主義伝統の日本基督教会、監督主義伝統の日本メソヂスト教会と共に、戦前日本の主流教派教会の一つとして活動しましたが、戦時下の一九四一年、日本のあらゆる教派教会が日本基督教団として合同すると共にその組織は解消しました。

日本の諸教派教会の中では、教会の自由と自治、そのもとになる人間の自由を大事にし、神学的な立場も自由主義神学を積極的に取り入れ、社会に対してもその当時としては進歩的な主張を掲げた教会でした。それでは、この組合教会はスペイン風邪の時代をどのように生き抜いたでしょうか。

3　組合教会の時代認識と行動

現代社会の最も重要な社会的・国際的問題が戦争ではありますが、スペイン風邪が世界を襲った時期は、世界がかつて経験したことのない世界大戦がまだ進行中でした。戦争がどのように終わるか、戦争が終わったら世界はどのように変わるかといったことが世界中の人々の関心事でした。一九一八年一一月、四年余り続いた第一次世界大戦がやっと終わりました。組合教会は、この終戦とそれと伴

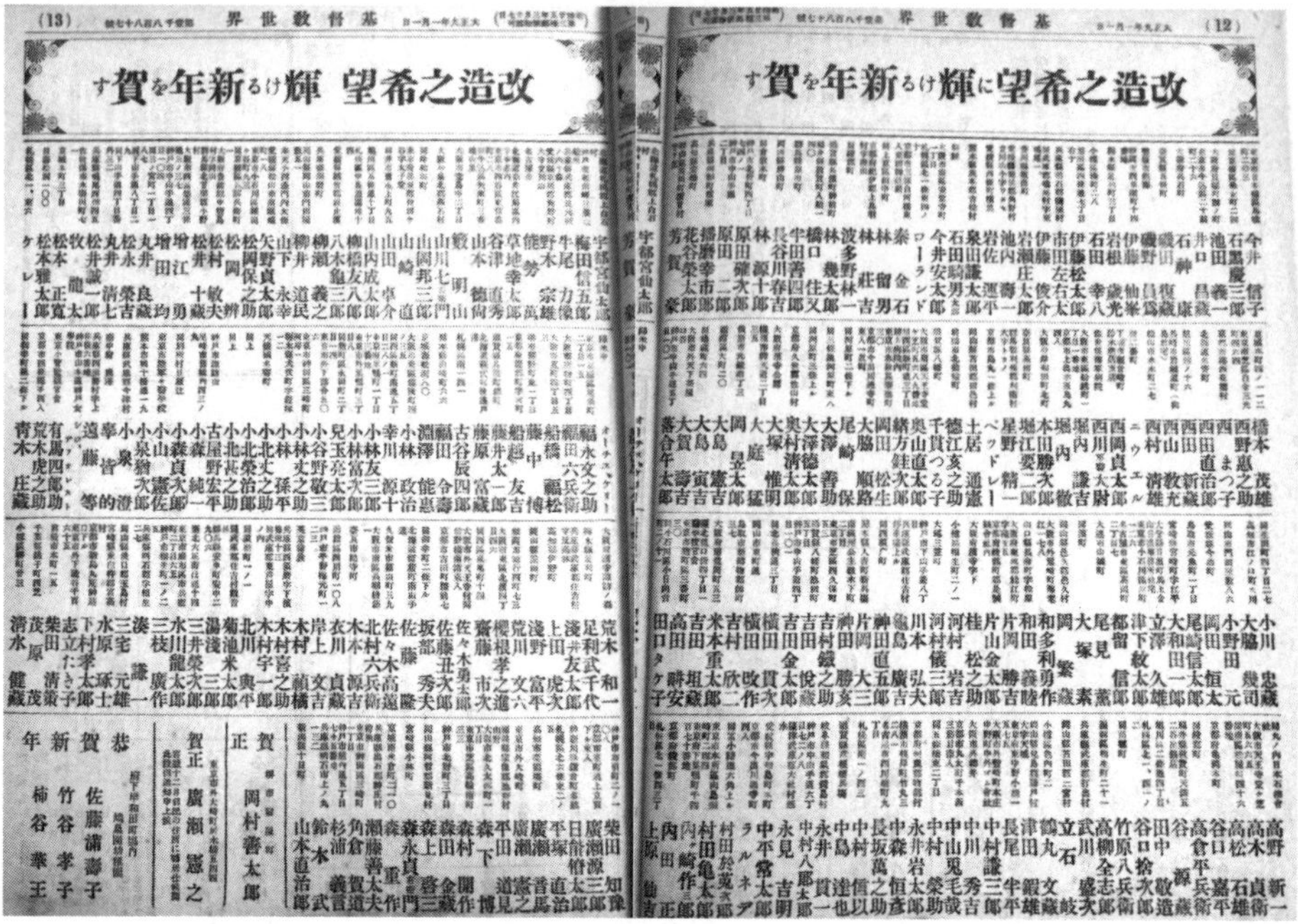
(12) 基督教世界

改造之希望に輝ける新年を賀す

(13) 基督教世界

改造之希望輝ける新年を賀す

う様々な国際的、社会的な変化を新しい時代の開幕として捉えました。当時組合教会の総会長だった宮川経輝は、第三四回総会においてこう述べました。「今や、世界は非常なる時機に際かいして、全世界の局面が一変する新時代を迎えようとして居る。否、迎へつつあるのである。（中略）なお、これと共に宗教上においても新運動が起ころうとする徴候は明らかになってきた。かくて、我等は、全世界はすでに新時代に其の足を踏み込んで居ると言わなければならない」（『基督教世界』一九一八・一〇・一〇）。それは終戦とそれに伴う時代の変化を敏感に認識し、その変化の中でキリスト教の価値を改めて確信し、キリスト教の使命を真摯に見出そうとしたものでした。そのような時代認識は、ただの言葉だけでなくいくつかの具体的な動きとして現れました。

まず、全組合教会の事業として推進されていた「前進伝道」に拍車をかけました。前進伝道は、一九一七年一一月、組合教会の理事会の決議によって三年計画で実施された伝道運動です。具体的には、日本列島を東部・中央部・西部に三分して、それぞれに主任者と巡回牧師を任命しました。地域教会の牧師と派遣された教師が連帯した形で、各個教会もしくは地域の集会場において特別集会を開き、伝道に励みました。短い場合は、二～三日間、長い場合は一週間前後で、何回も集会を開き、キリスト教に回心するように促し、洗礼も授けました。この前進伝道は、日本だけでなく日本人教会が形成されていた朝鮮、満州、台湾でも行われました。世界大戦が終わってからは、戦後の変化とキリスト教の役割が、伝道集会の主なテーマの一つでありました。

その後、組合教会は「新時局伝道宣言書」というものを発表しました。それは、新しい時代における組合教会の伝道と活動の方向性を示すために作成され、一九一九年一月二二日の東京青年会館での演説会を皮切りに、日本各地でその宣言書に関連する演説会が開催されました。その項目だけ引用してみます（『基督教世界』一九一八・一〇・一〇）。

新時局伝道宣言

（前略）

一、吾人は永遠に亘れる神の正義と仁愛とを信じ其聖旨の地上に成就せんことを期す

一、吾人は基督の十字架を人類奉仕の理想となし国家及び国際間に其の精神を拡充せんことを期す

一、吾人は人間の価値を高調し男女の平等と貞操とを確立せんことを期す
一、吾人は人類同胞の大義を明らかにし、階級的差別の弊風を改め人種的僻見を打破せんことを期す
一、吾人は基督の体現たる教会の根底を堅ふし人類救済の使命を完ふせんことを期す

大正八年一月

日本組合基督教会

この内容は、単純に信徒が増えてほしいというようなものではありません。イエスの十字架が象徴する正義・仁愛などのキリスト教的倫理を基にして、男女の平等を提唱し、階級と人種による差別を打破するなど、キリスト教の理想を社会的、国際的に拡張する進歩的方向性を示すものでした。ただ宣言書を出しただけでなく、大都市を中心に講演会も開催して、その普及にも励んでいました。

このような宣言書で表現されている組合教会の思想は、キリスト教による「世界と日本の改造」の理想へとつながりました。アメリカは、第一次世界大戦に参戦する際、民主主義のための闘いと宣言しました。終戦後、ヨーロッパとアジアの旧帝国は衰退し、国際連盟も成立しました。組合教会はこのような世界の変化を大きな「改造」として認識しました。様々な改造の中でも、とりわけ根本的な課題は人間の改造であり、その中心は精神と信仰だと考えました。「(ヴェルサイユ)講和成立後、直ちに起る問題は世界の改造である。(中略)このように考えれば、改造の根本義はやはり人間の改造である、くわしく言えば人の精神の改造である、信仰理解の改造である」(『基督教世界』一九一九・七・一〇)。日本もその改造から遅れてはいけない、その上、キリスト教こそその改造の主役であるとい

うことが、組合教会の考えでした（『基督教世界』一九二〇・一・一）。その意味で、組合教会にとって一九二〇年は改造の年であって、戦後の時代は「改造の時代」でした。そうした彼等の期待が明らかになっているのが、右に紹介する一九二〇年一月の新年号の『基督教世界』に掲載された祝賀の広告です。

では、組合教会が考える改造とは具体的にはどのようなものだったのでしょうか。組合教会の指導者海老名弾正の論説から見てみましょう。海老名にとって、第一次世界大戦の結果は欧州における軍国主義と帝国主義の敗退でした。その代わりに中心的価値を持っていくのが民主主義であり、労働問題、女性の参政権問題、教育問題などにおいての民主主義的な改善を主張します。そしてその民主主義が「人は同じく神の子なり」というキリスト教の理念に由来していると捉え、「世界の人と共に悦び世界の人共に悲しむと言う大理想が実現されるとき、軍備の問題も教育の問題も社会の問題も、凡て易々として解決されるだろう」という理想を論じました（『基督教世界』一九二〇・三・一八）。このような理想は、多くの組合教会が共有するものでした。その理想を実現するために、キリスト教は兄弟主義・相互奉仕主義を鼓吹し、それをただ言葉やスローガンにするのではなく、キリスト教的教えに基づいて様々な社会問題に取り組み、自ら犠牲が伴う奉仕によって社会の改造を成し遂げなければならない。それが当時の組合教会が課題にしていた「改造」だったのです。

このように、第一次世界大戦の末期から戦後の世界の変化の中で組合教会は、教会内部的には前進伝道と新時局伝道宣言書を通して、社会と世界に向けては「改造」の理想を以て取り組んでいました。その中で、欧州はもとより日本でも大きな悲劇を巻き起こした「流行性感冒」、つまりスペイン風邪を組合教会はどのように経験し、また対応したかを述べます。

3　「流行性感冒」による教会の被害

スペイン風邪は、当時日本では、「流行性感冒」、「流感」、「悪性感冒」などと呼ばれていました。これと関連する記事が『基督教世界』では、一八二九号（一九一八年一〇月三一日）に初めて登場して、一九二〇年四月まで七三件登場します。『基督教世界』と『組合教会便覧』、いくつかの個別の教会史から、まずその被害の様子をまとめてみます。

(1)　教会員と教師の感染

まず組合教会の教師と教会員の中で命を失う人々が続出しました。藤谷光之助は、同志社大学で教えながら京都教会の日曜学校校長も務めていました。当時の神戸高等商業学校（のちの神戸商科大学、現兵庫県立大学）の教授になってからニューヨークに留学しましたが、一九一八年一〇月中スペイン風邪によって死去しました（『基督教世界』一九一八・一〇・三一）。浪花教会では、就任したばかりの若き伝道師だった谷喜楽が感染によってなくなり、多くの人々が彼の若死を偲びました（『基督教世界』一九一九・一・三〇）。霊南坂教会の教師だった三宅正彦は、一九一九年一月発病しましたが、適切な治療をおろそかにした結果健康を害し、それ以来様々な病気と闘い、ついに一九二〇年八月、わずか三八歳の生を終えました（湯浅與三『伸び行く教会』一九四一年、二三三―二三五頁）。

教会員の場合は、表でまとめると次のようになります。

表　組合教会員の人命被害

教会	被害状況	時期	出典
土佐教会	大脇幾司の夫人死亡 多数の患者	一九一八年 一〇～一一月	『基督教世界』第一八四〇号
天満教会	松崎健三夫妻、杉野友子死亡 その他多数の有力信徒	一九一九年一一月	『日本基督教団天満教会百年史』四三頁。 『基督教世界』第一八三三号
番町教会	中島力造（帝国大学教授）	一九一八年一二月	『基督教世界』第一八三〇号
旭東教会	岡進（五歳）	一九二〇年二月	『基督教世界』第一八九六号
台北組合教会	惠澤トシ死亡 松崎梅代死亡	一九一八年一一月 一九一九年一二月	『台北組合基督教会二十年史』三一八～三一九頁。
神戸教会	五回の葬儀	一九一八年一一月	『基督教世界』第一八三二号
京都教会	西村老姉を含む数回の葬儀	一九一八年一一月	『基督教世界』第一八三三号
鳥取教会	一人の小児死亡 一九一八年九月鳥取市大洪水で礼拝堂損失後、スペイン風邪が流行	一九一九年二月	『基督教世界』第一八四四号
広島教会	牧師の家族と教会員の多数が感染	一九一八年 一〇～一一月	『基督教世界』第一八三四号

以上は、『基督教世界』に掲載された各教会の報告や各教会史に残された記録で把握できたもので

はありますが、それがすべてではないことも推察できます。広島組合教会の報告を引用します。「当教会は今度の流行感冒に最も禍された教会の一つであろう。会員中にも障りを受けていない者寧ろ稀であつたが上に、榎本牧師宅の如き全家族四名相次いで罹り、内二人（夫人と令嬢）は一時危険を告げるなどの事あり」（『基督教世界』一九一八・一二・五）。これは多くの教会がスペイン風邪の感染拡大によって様々な苦境を経験したことも示しています。

(2) 礼拝と集会の支障

人命と健康における被害以外にスペイン風邪が教会に与えた影響は、礼拝と集会の支障、そして日曜学校の休校でした。人が集まれば集まるほど感染リスクが高まるのはやはり現在と変わらなかったようです。『基督教世界』に掲載された関連記事の内容の大多数は、こうした礼拝と集会における問題でした。上述したように、教師や教会員が感染し、教会が通常通り運営できないのは避けられない事態でした。また感染拡大を防ぐため、日曜礼拝や特別集会の出席者が減少しました。同志社教会は、一九一八年一一月の教会の様子を「会衆は昨今風邪の為減少したるも約百名程あった。（中略）六日安倍牧師を中心とした宗教部は東寮西寮の大学寮生の応援を得て同志社関係の諸教師等約百五十名市内を六区に分ち流行性感冒の有無を訪い、患者諸教師には再び花を携へて病床を見舞いに、当日の応援学生十余名」と記録しています（『基督教世界』一九一八・一一・一四）。丸亀教会は同年一〇月三一日、新しい礼拝堂の献堂式を挙行しましたが、予定した来賓一五〇名の多くがスペイン風邪に罹り、わずか四五名だけが出席しました（同上）。このような傾向は、年が変わって第二波と言われている時期にも続きました。第二波の時期には、スペイン風邪に関連する報告が比較的に減少しましたが、尼崎教会は「定期集会も、日曜学校も、流行性感冒の影響を受けて、非常に減少して居る。礼拝には平均十四五人」と報告していますし『基督教世界』一九二〇・二月一九日)、島之内教会、高梁教会なども通常の集会を中止したり、延期したりするなど、その影響は決して無視できるものではなかったようです。

通常の礼拝や集会の他に、大きな支障をきたしたのは特別集会でした。予想をはるかに下回る出席者数を余儀なくされたのです。特にこの時期強力に推進されていた前進伝道は各地で、集会が取り消しになるか、参加者の人数がとても少なくなってしまう事態を免れることができませんでした。一九一八年、スペイン風邪の流行中にもかかわらず、一一月九日から一二日まで集会を強行した岡山教会には最大で三六五名もの参加者が集いましたが、説教者だった木村清松は集会後に感染が発覚し、しばらく休養を余儀なくされたとの記録もあります（『基督教世界』一九一八・一一・一八）。けれども、スペイン風邪の打撃をもっとも受けたのは日曜学校だったと考えられます。多くの教会は出席者の減少にあっても主日礼拝を続けていましたが、日曜学校の方は出席者の減少著しく、休校措置をとる教会がほとんどでした。これまで取り上げた教会以外にも、京都の平安教会、長崎教会、朝鮮の平壌教会、大牟田教会で休校が報告されています。当時の組合教会は、大人の会員数よりも日曜学校の生徒数の方が比較的多かったので、重症化を防ぎ、子どもの健康を守るための措置だったと考えられます。

4　「流行性感冒」に対する認識

スペイン風邪によって多大な被害を受けていた組合教会は、それをどのように認識していたでしょうか。二〇二〇年から新型コロナウイルスの感染拡大によって、人命、財産、生活において大きな被害を今まさに経験している現代人から見れば、当時の組合教会のスペイン風邪に対する意識は驚くほど低かったと言わざるを得ません。感染症によって教会員と教師が健康を害し、教会は一時期正常的に運営ができなかったと報告はありましたが、それは時間の経過と共に過ぎ去るもので、当時の教会にとって重要な課題にはなりませんでした。例えば一九一九年一月の高梁教会の報告を引用してみます（『基督教世界』一九一九・一・一六）。

昨年末当町を苦しめた悪性感冒の流行も止み、外には欧州の大乱も休戦を告げて、平和の機熱し教育の使命を果たすべき時期も迫って来たので、教会も元気を恢復して活動を開始した。先ず手初めに一二月一五日二聖礼典を執行した、菅牧師説教され、司式は伊吹氏其の任に当られ、六名の男女受洗者があつた。二三日は聖誕祭を執行した。来会者児童と大人合せて三百五十余名で、盛会であって一日感謝に溢れた。（中略）数名の訪問伝道委員は共同して牧師とともに各家庭を訪問、志道者続出。一同感謝と希望とに満たされて居る。大に主の見守りが現はれる事を願っている。（教会報）

同教会は、翌年の流行も経験しました。また長文ながら引用してみます（『基督教世界』一九二〇・三・二五）。

昨今の時勢の影響によって、家事の都合にて、会員中に他処に転会するに至った者も十数名あったが、会員は一層奮起せざるを得なくなった。年頭の祈祷会にて一同心を改新し、又順正女学校寄宿舎の一室を借りて、一同晩養の食卓を囲んで互に親睦懇談し、大に期待すべきものがあったが、折から全国を騒がした流感予防のために、諸集会日影響を免れ難く、組合家庭の集会は休会せねばならなくなった。しかし牧師は幸に病に冒されず、日々会員の宅を訪問慰励されたので、会員一同感謝して居る。しかし当地は罹病者も割合に少く教会にては来る二九日、二聖礼典を執行するはずで、連夜祈祷会を開いて居る。本年は従来の志道者を受洗せしめ、更らに新方面に向って活動したいものであると考へて居る。

こうした報告は、高梁教会にとって「流感」が既に過去の出来事であって、現在の課題ではないことを表しているように考えられます。教会は「流感」による厳しい状況を経験したし、その問題はまだ解決できていません。しかし、教会は未来のために進み、教勢の拡張を図る未来志向的な態度を見せています。高梁教会のような報告は決して例外的ものではなく、スペイン風邪に言及したほとんど『基督教世界』の記事では、そうした教会の態度が読みとられます。岩見澤教会は、「流行性感冒が信仰を奪う事は出来ぬままでも、教会の集会を寂しくする事には成功した」と評価しましたが（『基督教世界』一九二〇・四・八）、それは言い換えれば、スペイン風邪が教会の集会を寂しくすることには成功したが、信仰を奪うことはできなかったということになるでしょう。

スペイン風邪が教会の重要な課題ではなかったことは、各教会史からも伺えます。各個教会が編纂した教会史の中では、全くと言えるほどスペイン風邪とそれによる教会の苦労が記述されておりません。それは一〇〇年史など長い歴史を記述する通史だけでなく、スペイン風邪の経験から比較的に近いうちに書かれた教会史からも確認できます。

例えば、台北組合教会は『台北組合基督教会二十年史』を一九三二年刊行しました。それは、スペイン風邪の経験からわずか一〇年後に書かれたものです。台北組合教会は、上記の表から確認できるようにスペイン風邪によって二人の会員を失いました。『台北組合基督教会二十年史』は毎月の教会行事を教会年表に記録として残しており、毎年の教会の問題や課題を割と詳しく記述しています。それにもかかわらず前記した二人の会員の死亡と葬儀以外には、「流行性感冒」に関する記録は見られません。

一九〇六年に創立された倉敷教会も『倉敷基督教会略史』を一九三五年に刊行しました。それは「略史」と名付けられてはいるものの、毎年の教会の行事と運営の内容が詳しく書かれています。一九一八年から一九二〇年の間に、教会は有力な教師を二人も失った試練については、詳しく記されているものの、同時期のスペイン風邪に関する言及は全く見られません。それほど、スペイン風邪が教会の記憶の中で残る問題として受け止められなかったと考えられます。

それでは、なぜ組合教会はスペイン風邪とそれによる被害を教会の課題として取り組んでいなかったでしょうか。この問題に対する糸口になるようなものがあります。前記した谷喜楽の若死を偲び、谷喜楽を指導していた木村清松に送られた富永孟の手紙です。富永は洛陽教会の教会学校長として谷伝道師と教会生活を共にした人で、江洲八幡療養院長でした。医師だったのです。その手紙を読むと、富永は、病気のため除隊して静養していた谷が、スペイン風邪の大流行中の大阪に赴任することを止めなかったことを非常に後悔していることが分かります。ところが、その思いは信仰によって改めて導かれています（『基督教世界』一九一九・一・三〇）。

しかし、谷君もクリスチャンです。苦しい時はきつとヨブの苦しみを思い、キリストを信ずるものは死すとも生きるの信仰は有っていたでしょう。見苦しい死に様はしなかっただろうと思います。あ、美しい彼の信仰。私は、これがせめてもの慰めです。彼、今や無し。私は、惜しい。今更ながら追慕の念に耐えません。死にかけた者でも生き残り、丈夫な者も死ははかられません。新しい年に新しい希望と決心とを以て本当に一生懸命になりましょう。（一月八日）

富永は自分が何とかしたら守ることができた命を失った悔しさと、有望で親しい若者を失った耐え難い悲しみの中でも、その死自体については、特別な死として見ていません。キリストを信ずる者の死として、その信仰は生きており、それが慰めとなる。この追悼の書簡から、組合教会のキリスト者が生命を軽視したとは判断できません。ただ、彼等にとって病気より大きな意味を持っていたのが信仰でありました。信仰の中での死であるのなら、希望を見出すこともできる。そういった信仰観から見ると感染症による死が他の病気や事故、高齢などによる死と区別される特別な意味を持つには至らなかったと理解するのが適切でしょう。その意味でスペイン風邪は、組合教会が取り組むべき特別な課題、また、信仰もしくは神学的課題ではなかったと言えます。

ただその中で注目に値する意見もありました。今回調査した当時の組合教会の資料の中で、スペイン風邪を思弁的に捉えた唯一の文章です。ちょっと長いですが、当時の見解を理解するには重要だと思いますので全文を紹介します（『基督教世界』一九一八・一一・一四）。

流行性感冒の世界的横行は実に、人類の心臓を寒くするものがある。だから気分上能律上多大の損害を受けて居るとは今更云うのも愚である。にもかかわらず、これが精神上に及ぼす一種の影響を思わざるを得ない。然しながら、成金風に吹かれ、虚栄の夢に憧れて居る国民は、果たして其の深義を知り得るであろうか。吾人は今や世界の一等国として知れたる、我が国民が古のパロ王に率いられたエジプト人国民の如くに頑ならざらないことを希うものである。

論者は、流行性感冒が巻き起こした世界的な苦境を把握しています。注意すべきことは、このパンデミックを、旧約聖書の出エジプト記においてエジプト国民を襲った災いと例え、精神上の深義があると捉えていることです。つまり、第一次世界大戦後、戦勝国の一員として振る舞っていた日本国民が、出エジプトのパロ王とその国民のようになってはいけないことを主張している。それは換言すれば、世界的な災難の中でより謙虚に神の志を悟り、それを行うことを促している、ということでしょう。しかし、スペイン風邪に対し、このような神学的あるいは思想的な考察は、これ以上は見られませんでした。

5　評価

スペイン風邪を経験した日本組合教会をどのように評価したら良いでしょうか。まず、記録から読み取れるのは、組合教会はスペイン風邪に対する対策、それに伴う社会の変化などについては関心を示していないことです。二〇一九年末発見された新型コロナウイルス（Covid-19）に対する現代社会と教会の対応とはだいぶ違う様子です。教会の日常的な礼拝、集会、日曜学校、それから特別集会などを通して、教会がどれだけ伝道に励んでいるのか、何人が集まって、どのような受洗者が出たのかなどが教会の重要な報告の内容でした。どのような苦難があってもそれを乗り越えて伝道に励む教会こそが、組合教会が理想としていた教会だったと思われます。その理想の教会に向けて前進する際、スペイン風邪は強力な、しかし一時的な困難に過ぎなかったように見受けられます。

確かに、スペイン風邪は各教会と個人が克服しなければならない苦難でした。しかし、あれだけ多くの教会と会員が感染症と戦っているにも関わらず、それが組織としての「組合教会」が取り組む課題になっていなかったことは深刻な問題ではないでしょうか。つまり、組合教会の総会の事業として「前進伝道」を行ったように、スペイン風邪に対しても、組合教会の総会の事業として、もしくは地域ごとの部会の事業として取り組むことはできなかったでしょうか。残念ながらそのような取り組みの跡は見られませんでした。様々な教会の報告の中では、より深刻な状況で苦しんでいる教会が散見されましたが、そのような教会に対する援助や患者に対する救援活動のようなものを見つけることはできませんでした。もちろん、歴史的な記録として残っていないというだけで、そうした協力・支援活動がまったくなかったとは言い切れません。それでも、一九一八年から一九二一年の間の組合教会の各種記録の中では、問題を共有し一緒に対応したり、一つの事業として取り組んだりといった活動の痕跡は全く見られませんでした。それは、組合教会の信仰そのものが抽象的なものに留まり、社会と結びつく実践的な面においては具体性を欠いていたからではないでしょうか。

前述したように、組合教会は一九二〇年を「改造の新年」として迎え、キリスト教信仰運動による社会改造への意欲を示しました。ところが、そのような社会改造に具体的な結果があったでしょうか。果たして、具体的に社会改造のために何か試みたことがあったでしょうか。『基督教世界』の社説、論考などには社会改造の重要性を力説する多数の記事が見られます。そうであるならば、社会改造がどう実現できるのかという問題がまず出てくるはずではないでしょうか。各個教会が社会に奉仕することで社会改造を担うという理念は理解できます。しかし、実際に社会改造的な活動を試みた報告は非常に稀でした。大阪の九条教会は数少ないその試みの事例を伝えています。

九条教会は、社会奉仕を目的とする「奉仕会」を組織しましたが、講演会や懇談会を開く以外に実際的な奉仕活動を実行することはできませんでした。彼等が苦心して立ち上げた一つの活動は、教会の建物の一部を慈善、文芸などの健全な目的の集会のため貸館することでした。その活動の一環として、地域の「按摩業者」の大会のために「市民殿」の名前で、場所を提供しました。当時「按摩業者」の半数以上は視覚障がい者でした。九条教会は、そのような活動を通してキリスト教に対する親しみが生じることを期待し、次のように述べています。「一堂の内に座する不幸なる彼等を見たる者、即ち奉仕会員の側では、惻隠の情の禁じ得ないものあって、彼等の為に慰安会を開こうとする思い付も出来たほどだ。双方とも相接近する機会とならば勿怪の幸いである」(『基督教世界』一九二〇・四・一)。これは、ある組合教会が社会の弱者に対して持っている見解ですが、同時にその限界でもありました。障がい者は、「惻隠」と「同情」の対象であり、慰めてあげたい気持ちになる存在でした。そこには、一時的な共感はあるものの、社会問題に対する根本的な省察や反省、問題意識、またそれを「改造」する実行がなかったのです。しかし、社会改造のために具体的に何をすればよいのか分からなかった彼等にとっては、そのような活動はできる限りのものだったのかもしれません。けれども、この奉仕会が社会の弱者と「近接」する活動は長くは続かなかったと推察されます。なぜなら、奉仕会の設立は九条教会の歴史の中では確かに意味あるものでしたが、その主な活動は「奉仕に対する」啓蒙であり、そのための募金を募る講演会や音楽会以外で実際の社会奉仕と結びつく活動については何も記していないからです。これは、日本組合教会の各教会がその信仰と思想を社会と結びつけることにおいては実行力を持たなかった典型的な例であると考えられます

6　むすびに

スペイン風邪が日本を襲った時期は、第一次世界大戦が終焉を告げ、世界は大きく変化していました。日本組合教会は、そのような変化に注目し、新時代における教会の在り方と教会の使命を模索していました。彼等は時代の精神を考察した上で、それに対する理想を提示し、新しい時代を伝道と教勢の拡張の好機として捉えていたのです。しかし、時代が社会に対して要求している行動を実践することは怠っていたのではないでしょうか。「奉仕」を強調しながらも、実際それぞれのキリスト者と教会と共に暮らしている社会の弱者に仕える方法を知りませんでした。それは、彼等の信仰が抽象的で、理想を具体化するための実践力が欠如していたとも言えるでしょう。そのようなキリスト教信仰だったので、スペイン風邪に対しても同様な対応しかできなかったと考えられます。つまり、自分の健康と各々が属している教会を守ること以外に具体的な対応はなく、だから教会の記憶としてもほとんど残っていないと思います。二一世紀のコロナ禍の中でも、感染拡大を防ぐだけでなく、社会の様々な変化が予測されています。また、貧富の格差の拡大や、差別の問題も予期せぬ形で表れているのが現状です。現在の日本の教会は、キリスト教信仰に立って、このパンデミックの時代と社会が要求する行動を実践しているかどうかを問い直さなければなりません。一〇年後、五〇年後、一〇〇年後、コロナ禍の中での日本の教会の対応と取り組みは、どのように評価されるでしょうか。

コラム3　「主がお入用」――回復後も現地に戻る人たち

堀　成美

二〇一三年末から西アフリカでエボラウイルス病（エボラ出血熱）が流行をした際に、世界中が大騒ぎになった。日本には幸い一例も持ち込まれず、このときの流行は終息した。ウイルス自体は一九七六年に現在の南スーダンで発見され「未知」ではなかったが、連日の報道は白い防護具・遺体搬送などの写真や動画にあふれ、ウイルス以上のスピードで恐怖情報が世界に拡散され、社会はパニックモードに入っていった。

外国人には本国から帰国命令が出て、新たな入国制限がかかっていた現地に、あえて残り、また新たに入り、医療の提供を続けた人たちがいた。その一定数はキリスト教系の団体であった。現場で直接支援をしていた人たちの何人かがウイルスに感染し、医療用チャーター便で隣国や母国に搬送され、集中治療を受けた。報道やインターネットには「プロなのに感染したのか」「ウイルスを本国に持ち込むな」との批判が並んだ。

そのような中で、救命され健康を取り戻したあと、彼ら・彼女らは再び現地に戻っていった。現地の流行を抑えなければ世界への広がりを止めることはできない。そこで苦しんでいる人たちはもともと貧しい保健医療しか与えられていない。自分たちには予算も物資もスキルもある。助けを必要としている人がいるのだから支援するのは当然だと、彼らはインタビューで語っていた。そこで引用されていたのは「主がお入り用」であった。「なぜそんなことができるのだろう」と言っていた友人はこの機会に聖書を手に取り、その後教会へと導かれている。

参考資料
Samaritan's Purse; Caring for Ebola Patients in Jesus' Name
https://www.samaritanspurse.org/our—ministry/ebola—response/

キリスト教学校とスペイン風邪

辻 直人

はじめに

新型コロナウィルスが最初に日本国内で広がり始めた頃の二〇二〇年三月二日、政府は突然全国の学校に休校を要請しました。教育現場は突然の決定で卒業式も終業式もままならない状態となり、結局新年度が始まったのは五月中旬でした。二ヶ月以上に及ぶ休校を余儀なくされて、その後も感染予防のために教職員は例年以上の神経を使う一方、新年度の遅れを取り戻すために休み期間や行事を削るなど、学校は異例の対応を迫られました。

今から約一〇〇年前、一九一七（大正六）年から一九二〇年頃にかけて大流行したスペイン風邪（流行性感冒）は、日本本土だけでも五〇万人近くもの死者が出たと言われており（速水融『日本を襲ったスペイン・インフルエンザ　人類とウィルスの第一次世界戦争』藤原書店、二〇〇六年、一三頁）、その数は日本国内における新型コロナでの犠牲者を遥かに超えています。この数字から、スペイン風邪は当時の社会にかなりの影響を及ぼしていたと想像できます。ということは、スペイン風邪の時も学校は同じような混乱をしていたのでしょうか。ここでは、キリスト教学校での事例を紹介して、スペイン風邪が学校に及ぼした影響を考えてみます。

1　キリスト教学校におけるいくつかの事例

キリスト教学校が発行している百年史などの記念誌は多数ありますが、実はその中にほとんどスペイン風邪に関する記述は出てきません。その理由は後ほど考えてみます。まずは現時点で確認できたキリスト教学校におけるスペイン風邪の記録をいくつか見ていきましょう。

(1) 梅光女学院の様子

下関にある梅光女学院の『梅光女学院史』(黒木五郎編、一九三四年)には、一九一八(大正七)年一二月一日時点での流行性感冒患者数の調査結果が載っています(四〇八頁)。それによれば、梅光女学院では一九一八年一〇月三日以来同年一二月三日までの二ヶ月の間で、在籍生徒数一八五名中一二六名が流行性感冒に感染していました。つまり、七割近い生徒が感染したことになります。そのうち一二三名は完治したものの残念ながら一名が亡くなり、残り二名は療養中という状況でした。しかし、「初発以来臨時休業総日数」は八日と、一週間ほどでした。

一方、教員は四名が感染しましたが、全員完治しています。この流行性感冒について同年史には、「真に世界的の流行で、各地共大に悩まされてゐたが、此の頃に至って漸く下向になった」と記録されています。つまり、この記事の執筆者によれば、一九一八年一二月には下関における同感染症の流行は、下火になったということになります。

なお、その後発行された『梅光女学院五十年史』（一九六三年）以降の年史には、スペイン風邪に関する記述は一切ありません。つまり、まだ感染症による影響が小さくなく、当事者たちの記憶にも残っていた頃は、このように記録が年史に残されたと考えられます。

（2）西宮・神戸での様子

西宮や神戸周辺でも、スペイン風邪が猛威を振るいました。ランバス記念伝道女学校（現聖和短期大学）には、一九一八年冬に「インフルエンザが寮内に大流行し、最終（冬）学期の授業ができなくなる。寮の改善がもとめられる」という状況でした（聖和史刊行委員会編『Thy Will Be Done 聖和の128年』関西学院大学出版会、二〇一五年、一七八頁）。休校期間など詳細は不明ですが、寮内で集団感染が起きたようです。

ランバス記念伝道学校の近隣にある関西学院でも、同時期にスペイン風邪が流行しました。一九二九（昭和四）年に刊行された『開校四十年記念　関西学院史』一二三頁に、以下のような記録が残っています。

大正七年秋のコレラの大流行に際しては、学院関係者中、別に罹患者はなかりしも、特に校医をして、全学院の関係者に予防注射を行はしめたりき。中学部生徒等が、昼食を校舎内にて喫する事となりしは、此の時よりの事にて、其前十年ばかりは、運動場、森林等にて之をなすの習なりき。

此の両年、殊に大正七年秋の流行性感冒の流行の際には、高等学部教授興梠杢太郎、その犠牲となりて斃れ、学生生徒等も、過半病に冒されしかば、遂に学院全体に亙りて授業を休止する事、数週間に及び、専門部の講演大会また中止せらるる処となりき。

この記録によれば、一九一八（大正七）年はコレラも大流行しており、学院関係者に感染者はいなかったものの、その予防策として屋外では食事をしないで校舎内で摂るようになったそうです。また、スペイン風邪では高等学部教授の興梠杢太郎が亡くなり、学生生徒も多く感染し、数週間に及んで学院は休講したのでした。当時としては、かなり大きな出来事だったことが分かります。

ところが、一九四〇（昭和一五）年刊行の『関西学院五十年史』には、この記載は消えています。その後発行される関西学院の年史にも、スペイン風邪をはじめとする感染症についての記述は一切出てきません。『関西学院史』刊行から一一年ほどで、スペイン風邪は「忘れられた」出来事になっていたのでした。

ランバスや関西学院でスペイン風邪が流行した一年後、神戸の頌栄保姆伝習所（現頌栄保育学院）も深刻な事態に直面しました。一九一九（大正八）年、頌栄保姆伝習所は創立三〇周年を迎え、一一月には記念祝賀会を催しました。ところがその翌月一二月半ばに、お祝いムードは一変してしまいます。寄宿舎で学生たちがインフルエンザに感染し、「次々と学生たちが高熱に苦しみ」、アニー・ハウ

（Annie L. Howe）宣教師をはじめ職員も流感で倒れてしまいました。この影響で一二月一八日から二月二日まで保姆伝習所も幼稚園も休校となり、同年のクリスマス祝会も中止を余儀なくされます。翌年三月、一〇名の卒業生は「三名の友を流感で失った悲しみを胸に静かに巣だって」いきました（小林恵子『日本の幼児保育につくした宣教師―下巻―』キリスト教新聞社、二〇〇九年、一〇六頁）。頌栄の場合、休校期間が一ヶ月半にも及ぶ長いものとなり、悲しい出来事となりました。

これら三校の事例からも、西宮や神戸での感染状況が学校教育に大きな影響を及ぼして、深刻な事態だったことが分かります。

（3）金沢女学校の様子

次に、石川県金沢市の事例を見てみましょう。北陸学院の年史はこれまで北陸女学校時代の『北陸五十年史』（一九三六年）を筆頭に、『北陸学院八十年史』（一九六六年）、『北陸学院百年史』（一九九一年）と刊行されていますが、いずれの年史にもスペイン風邪についての記述はほとんどありません。しかし、実際は金沢市でもこの感染症は流行していました。そのことを知る史料として、北陸女学校校長を務めていたアイダ・ルーサー（Ida R. Luther）による記録が北陸学院史料編纂室に保管されています。年史では知ることのできない貴重な証言として、ここで紹介します。

アイダ・ルーサーは米国長老教会海外伝道局派遣の女性宣教師で、一八九八（明治三一）年に来日し、来日と同時に北陸女学校に赴任して、英語と聖書の授業を担当しました。一九〇二年からは第七代校長を務め、フランシナ・ポーター宣教師が療養のためアメリカへ帰国した後（一九〇一年）は英和小

アイダ・ルーサー
（北陸学院史料編纂室所蔵）

学校と英和幼稚園（現・北陸学院第一幼稚園）での職務も兼任しました。しかしルーサーも病気を理由に一九〇九（明治四二）年一一月、校長を辞任し帰国しています。その後、健康を回復したルーサーは、一旦は朝鮮へ派遣されましたが、再び金沢での伝道・教育活動に呼ばれて一九一三（大正二）年北陸女学校へ再任用され、一九一四年からは第九代校長に就任しました。二度目の校長職は一九二〇年九月まで務め、この時の辞職理由も病気療養でした。ルーサーは合計一四年もの長期に渡って校長を務めたことになります。帰国後は再び療養の結果健康を取り戻し、一九二一年からは松山での伝道に従事する傍ら、北陸女学校の理事を務めましたが、翌二二年に大阪でコーズランド博士と結婚した後は、夫妻で上海に赴いています。

ルーサーが二度目の校長を務めていた一九一四年から一九一九年までの六年間に、ルーサー本人が北陸女学校の活動を報告するためにまとめた年次報告のうち、一九一八年度年次報告（Annual Report of the Hokuriku Jo Gakko, Kanazawa, Japan, 1918-1919）に、秋学期に校内で流行したインフルエンザに関する詳細な記録が残されています。史料的価値を考慮して、該当箇所を以下訳出してみます。

秋学期は輝かしい展望を持って始まりましたが、間もなく私たちの通常課業は恐るべき外敵であるインフルエンザの到来によって、大幅に変更さざるを得ませんでした。次から次へと、教師と生徒たちが、数日間あるいは数週間にわたって欠席しました。一名の女生徒が亡くなり、何人かは学校を辞めなければいけませんでした。最上級生たちは京都への卒業旅行を諦めなければいけませんでした。彼女たちのうち五名は病気からの回復が長引いてしまったために、学校を去っていきました。学校は三日間完全休校となり、再開後も、とても多くの教師と生徒が欠席したため、私たちは非常に変則的な課業しか行えませんでした。

この報告から分かるように、北陸女学校では一九一八年の秋学期が始まって間もなくして、教師も生徒も多数インフルエンザに罹り、数日から数週間欠席する者が続出しました。時期的には、先述した梅光女学院、ランバス記念伝道女学校、関西学院と同じような時期です。

同報告書によれば、この病気で女学生一名が死亡しており、上級生の五名は病気が理由で中退しました。卒業旅行といった行事も中止となり、学校は三日間完全閉鎖され、再開後も欠席者が多く不規則な課業しか行えませんでした。完全休校期間が三日と短いようにも思えますが、その前後で女生徒一名が亡くなり、多数の教師と生徒が罹患して課業に大きな影響が出ていることから、スペイン風邪が女学校にとって大きな問題だったことが分かります。

一方で、同報告書には、そのような陰鬱な状況下でも、卒業生と学校が協同してルーサー校長の来日二〇周年を祝賀する会を催してくれたこと、またジャネット・ジョンストン宣教師（Janet M. Johnstone）がアメリカ赤十字の一員として「シベリア難民救済のため」六ヶ月間シベリアに派遣されることになったため、祝賀会と同時に送別会も行ったことが記録されています。この祝賀会・壮行会については、『北陸学院百年史』（一九九〇年）にも記録されていますが（一九八―一九九頁）、スペイン風邪については「丁度この頃は全国的に流行性感冒が猛威を振っていた時で、遠方からの来会者が少なかった」という記述にとどまっていて（一九九頁）、ルーサーが記録しているような学内の混乱の様子は紹介されていません。

ただし、インフルエンザが金沢で猛威を振るったのは、この時が初めてではありませんでした。同じルーサーによる一九一五年度年次報告（Annual Report of The Hokuriku Jo Gakko, Kanazawa, Japan, 1915-1916）にも、「教師と生徒たちの健康状態は概ね良好です。しかしながら冬の間は市内でインフルエンザが流行したため、数人の具合が良くありませんでした。」という記録が残されていました（詳細は辻直人訳「ルーサー・レポート（翻訳）―九代目校長ルーサーの見た北陸女学校（1）一九一四年〜一九一六年」『北陸学院大学・北陸学院大学短期大学部研究紀要』第四号、二〇一一年、二〇四頁をご確認ください）。この記録から、インフルエンザ感染はスペイン風邪が流行る以前から社会に広まっていたことが分かります。先ほど紹介した関西学院の記録にもあるように、スペイン風邪に限らず感染症の危険性とは恒常的に直面していたと考えられ、スペイン風邪だけが歴史的に特筆されるような状況ではなかったために、人々の記憶から薄れ記録が少なくなっていたと推測できます。一方で現在新型コロナがこれだけ騒がれているのは、それまで人類を恐怖に陥れてきた感染症への対策が功を奏し、衛生面でも格段に向上したからで、感染症への恐怖が一〇〇年前と比べかなり薄れていたという違いもあるのではないでしょうか。

2　女性宣教師の活躍――東洋英和女学校の事例を中心に

スペイン風邪が流行している前後は、キリスト教学校が発展していく時期であり、特に女学校において家政学を宣教師が担当することで、栄養や健康への関心を高めることとなりました。

北陸女学校の場合、ルーサーの活動はその後一九二〇年に来日したアイリン・ライザー（Anna Irene Reiser）に受け継がれます。ライザーは北陸女学校で栄養学などを教え、また幼児教育をアメリカで学んできたことを活かし、北陸女学校附属幼稚園で健康増進活動を展開しています。伝道局宛ライザー報告書によれば、一九二九年頃の金沢での結核による死亡率が一七・四％にも達しており、「私は人びとが心も体も健康になって、神に喜ばれる人になることを熱望しています」と状況を説明しています。具体的取り組みとして、幼稚園では一九二八年より牛乳を飲むことで健康教育を重視したり、女学生が描いた健康増進を促すポスター（健康食品と女の子が列車に乗っているイラスト）を用いたり、幼稚園母の集いや女学校でも健康を意識した料理指導をしたりしていました（詳細は熊田凡子、辻直人「米国長老教会宣教師アイリン・ライザーのキリスト教教育観」日本キリスト教教育学会『キリスト教教育論集』第二五集、二〇一七年を参照してください）。

日本の女子教育における家政学の始まりは、梅花女学校（現梅花学園）の動きが早いと言えます。成瀬仁蔵は一八九四（明治二七）年にアメリカ留学から帰国して梅花女学校校長に就任した際に学科編成改革を行い、普通科の他に新たに家政部を含む四種類の専門科を設置しました。家政学は家庭教育・家庭経済・家庭衛生及び看病法・家庭美術・家庭雑事（選択の理論・実習、料理他）・心理学によって構成されていました。これは、日本における家政学教育の先駆的事例です。

二〇世紀に来日した女性宣教師たちの多くも、母国で家政学を学んでいました。例えばカナダメソジスト教会WMS（Women's Missionary Society）より派遣されたマーガレット・ケギー（Margaret D. Keagey）は、来日翌年の一九〇九（明治四二）年四月に東洋英和女学校（現東洋英和女学院）で開設された家政科での授業を担当しました。東洋英和女学校の当時の史料に、家政科を新設したことについて、以下のような説明が記されています。

明治四十二年四月ヨリ開始シタルマセイ・ツレブル家政科ハ北米加奈太国トロント市マセイ・ツレブル夫人ノ特志ニヨリテ設置セラレ、トロント大学付属リリアン・マセイ氏ノ家政及技芸学校ヲ模範トシテ設備ヲシタルモノニシテ、専ラ本校生徒ニ家族ノ健康ト幸福ヲ増進スル為必要ナル家政上ノ技術ヲ練修セシメ、学識ト相待テ真正ナル家庭ノ主婦タルベキ資格ヲ養成スルニアリ

（「私立東洋英和女学校学則中改正ノ件」東洋英和女学院史料室所蔵）

東洋英和女学校での家政科は、トロントの大富豪マッセイ家からの寄付によって開設されました。それは「家族ノ健康ト幸福ヲ増進スル」ため、また「家庭ノ主婦タルベキ資格ヲ養成スル」ためでした。「家事」という教科においては、本科四年次で家政と簿記、五年次で西洋料理と看護、育児を扱っていました。また高等科一年次では西洋洗濯・裁縫、西洋料理、二年次で衛生、育児、調理法、三

年次で看護法と患者用食物調理を学習しています。これらの科目をケギーが担当することで、北米最新の家政学という「実益アル学術」を生徒に教授するとなり、衛生や健康に対する意識付けを促すことになりました。

マーガレット・ケギーは一八八〇年四月、スイス人の父とスコットランド出身の母との間に、オンタリオ州ダンダス（Dundas）で生まれました。一九〇七年にトロント大学ヴィクトリア校で家政学を学び、その後はメソジスト・ミッショナリー・カレッジ（Methodist Missionary College）で一年学びを深めました。一九〇九年に来日したので、最新の家政学を生徒に教授することができました。

ケギーの授業風景
（東洋英和女学院史料室所蔵）

ケギーは、前述の北陸女学校ジョンストン同様、第一次世界大戦時に赤十字の一員として一九一八年一一月にシベリアに渡り、六ヶ月間、チフスの流行していた同地での衛生指導に尽くしました。東洋英和としては家政学担当者が抜けることで授業回数を減らさざるを得ませんでしたが（WMS Annual Report, 1918-1919, p.123. 東洋英和女学院史料室所蔵）、ケギーの見識が国際的な活動に用いられたという点では、キリスト教学校における家政学教育の意義を高めたと考えられます。

ケギー以外にも、東洋英和女学校で奉仕していた女性宣教師たちがスペイン風邪に関係して大きな働きをしています。エタ・デウォルフ（Etta DeWolfe）やジェシー・ハーウィー（Jessie L. Howie）は日本から帰国後、バンクーバーの日系人を支援する働きをしていましたが、一九一八年のスペイン風邪大流行の際は、日系人たちのために一時的な病院を地域の学校に開設し、感染への恐怖を解消することに尽力しました（https://vjucarchives.ca/our-story-in-words/womans-missionary-society-wms/）。

まとめ

以上、キリスト教学校におけるスペイン風邪の影響についてまとめてみました。記録の残っている学校では、生徒や教員に死者が出たり、感染者も多数いたために一定期間休校措置を取らならねばならなかったり、と少なからず影響が出ていたことが分かりました。しかし残っている記録は限定的で、当時のスペイン風邪の影響を知る史料は多くありませんでした。それは、その影響が地域ごとに違っていて時期もまちまちだったこと、一過性で影響は一時的だったこと、スペイン風邪以外にも感染症は流行していたためスペイン風邪だけが突出して記憶されていたわけではないこと、その前後で起きた出来事（関東大震災、太平洋戦争など）の方が歴史的インパクトが大きかったことなどの理由から、スペイン風邪は各校史から「忘れられ」ていったと考えられます。

一方で、スペイン風邪が流行していた一九一八年頃のキリスト教学校では、宣教師を中心に特に女学校で家政学の指導が始められました。これは当時のアメリカにおける女子高等教育の影響でもありましたが、日本における女子教育の充実と同時に、衛生や健康に対する意識関心を高めることにキリスト教学校の教育が一役買ったと考えられます。女性宣教師のジョンストンやケギーらが米国赤十字の働きを担いシベリアでの救護や衛生教育を担当したことは、彼女らの知識や技術が国際的評価にも耐えうるものだったことを証明しています。そうした高度な家政教育を一九一八年頃のキリスト教学校では展開していたのでした。

また、本文では詳しく紹介できませんでしたが、東北学院と宮城女学院で活躍したアレン・クライン・ファウスト（Allen Klein Faust）宣教師は、国内の結核予防対策に熱心に取り組み、「結核予防思想普及会」の創設に尽力しました。同会は一九一二年に組織されて、ファウストは会長にも就任しています。この動きは、「結核予防法」の制定（一九一九年）に先駆けたものです（詳細は、宮城学院『天にみ栄え―宮城学院の百年―』宮城学院、一九八七年、四八五頁をご覧ください）。

こうした宣教師たちの働きが、日本人の衛生観や感染症への意識に影響を及ぼしていたと言えます。

コラム4　可謬性の自覚

堀　成美

疫病流行に際しても脆弱な立場の人たちへの支援をキリスト教は行ってきた。しかしキリスト教をベースにしているからこその課題も生じうる。二点紹介しよう。

一九八〇年代に米国でHIV（ヒト免疫不全ウイルス）が、男性同性愛コミュニティで広がっていることが把握された。その後、薬物使用者やセックスワーカーが高リスク層であることの認知も広がった。不安を抱えた人たちはこの「他人事」整理を受け入れ、怒りとして外部化して不安を解消し、どんどん他罰的になっていった。当時のキリスト教分野の資料を読み返すと、感染は「罰」であるといった記載が少なくない。当時、キリスト教の外側にいた私は、感染症そのものよりも、愛と平和を語る人たちが病気の人を疎外していく風景に疑問と怖さを感じる経験となった。

もうひとつは、疎外ではなく支援のつもりで実はズレたことをやってしまうリスクである。キリスト教分野におけるハンセン病救済運動の歴史を振り返ることはこの問題を考える良い手がかりとなる。病者を助ける、社会を守るという理念や出発点そのものはよいとして、妥当性・合理性は科学的な知見の集積によって当然変化し、行動制限のような人権に関わる公的な介入は最小・最短にとどめる必要がある。関心の高い流行期の支援だけでなく、その後も続く当事者の生活や社会が経験した痛みのケアについて、キリスト教は何ができるのか。今後も感染症は度々流行することがわかっているので、自らを振り返り記録を残していく活動も重要である。

参考資料：スーザン・ソンタグ『エイズとその隠喩』みすず書房、一九九〇年
杉山博昭『キリスト教ハンセン病救済運動の軌跡』大学教育出版、二〇〇九年

日本のキリスト教幼児教育の実態と影響

ＪＫＵ年報の記録を中心に

熊田凡子

はじめに――ＪＫＵ年報の記録

本章では、日本のキリスト教幼稚園におけるスペイン風邪インフルエンザの実態とその影響について、日本の幼児教育の導入・発展に貢献したアメリカ・プロテスタント系女性宣教師の報告書（ＪＫＵ年報）の記述内容から見てみましょう。

今回取り上げる女性宣教師の記録のＪＫＵ年報には、一九〇六年から一九三九年まで日本各地で活動していたＪＫＵに属する各キリスト教主義幼稚園の様子や女性宣教師が関わった地域や社会の実態が示されているもので、スペイン風邪インフルエンザに関する記事が含まれています。

これまでのキリスト教学校や幼稚園史などの歴史では、スペイン風邪インフルエンザや他の感染症に関する事について、語られてきませんでした。ところが、女性宣教師の記録を見ると、詳しく書かれていることが分かります。これらの女性宣教師の史料は、彼女たちの学校教育や宣教活動報告に加えて、地域の様子や人々との交流、地域の健康推進や衛生問題等の情況、地域の文化や商業、工業等に関する事項等、幅広い視野で出来事を綴っています。そのため、スペイン風邪インフルエンザに関する記録についても、その当時なされていた教育が地域に与えた影響やその実態を詳しく確認することができるのです。

ここで、ＪＫＵとは、どのような活動をしていたのか説明をしておきます。

ＪＫＵとは、一九〇六年、教会や学校に付設されたキリスト教幼児教育施設の教育充実のために、キリスト教幼児教育に関っていた外国人女性宣教師らが軽井沢で立ち上げた協議会組織「日本幼稚園連盟」Japan Kindergarten Union のことを示しています。現在のキリスト教保育連盟の前身で、初代会長は、頌栄保姆伝習所と頌栄幼稚園（一八八九年、現・頌栄短期大学、附属幼稚園）を創設したＡ．Ｌ．ハウ（Annie Lyon Howe, 1852-1943）でした。アメリカ・プロテスタント系の各教派の女性宣教師たちは、明治初期以降、日本の幼児教育事業の発展に献身的努力を続け、幼児児童教育の重要性と女性の専門職養成による地位の向上、それに伴う生活及び文化水準の向上を促してきました。こうして日本各地にキリスト教主義幼稚園や保姆養成学校が広がっていく状況の中で、アニー・ハウは、幼稚園や保育所及び保育者養成組織の連絡先機関をつくる必要性を感じ、ＪＫＵを創ることを提唱したのです。

ＪＫＵの目的は、主に「幼い子どものための仕事を効果的に進めるため、在日外国人保育者が相互に話し合い、連携し合う」ことで、毎年夏に軽井沢のユニオン・チャーチを会場に定例集会、研究協議を行い、英文の年報（Annual Report of the Kindergarten Union of Japan）を発行していました。この年報が、今回取り扱う史料です。ＪＫＵでは、保育者は保育の実際面だけでなく、保育を支えるより高い教養を絶えず学んでいました。女性宣教師たちは、質の高い保育者を養成し、世に送り出すことを重視していたのです。そのことがこの年報の記録から確認できます。さらに、ＪＫＵは、一九一五年に日本の各地域でＪＫＵ支部会（一二支部）を結成するなど、全国区で展開させていきました。こうして、ＪＫＵは、一九〇六（明治三九）年から、戦争の影響で宣教師たちが帰国することになる一九四〇（昭和一五）年七月まで活動が続けられたのです。

このＪＫＵの活動記録から、スペイン風邪インフルエンザの出来事を詳しく見てみたいと思います。

1　ＪＫＵ年報に見るスペイン風邪インフルエンザの実態

ＪＫＵ年報では、表1に示したように、インフルエンザをはじめとする感染症に関する記録が残されています。ここで、スペイン風邪インフルエンザについて、当時の実態を確認してみます。

インフルエンザのことについては、一九一九年から一九二一年の報告の中に記されています。ＪＫＵ年報は、女性宣教師たちが、前年度の事柄を報告しているため、記録に書かれているインフルエンザのことについては、実際は一九一八年から一九二〇年に流行していたということになります。表1によると、東北・関西地域で、特に一九二〇年の記録によれば実際は一九一九年に神戸、大阪、京都で流行していたことが確認できます。ここで、詳しく報告の内容を紹介します。（ＪＫＵ年報号：英文表記は教派と宣教師名。)

一九一九年の記録より(実際は一九一八年)
京都・桜井育成幼稚園
　桜井の小さな町は冬の初めにインフルエンザの惨劇に見舞われ、園長はしばらくの間かなり病気が続きましたが、幼稚園は何日も閉鎖されることはありませんでした。また、夏休みまで、多くの園児の出席を保つことができ、六年前に幼稚園が始まって以来、四月に初めて開始した「同窓会」が盛んに行われました。
(第一三号:American Episcopal:Marietta Ambler)

仙台・青葉女学院保姆養成科(幼稚園部門)
　昨年(一九一八年)は、多くの危機的な困難な経験があったにもかかわらず、私たちにとって幸せで繁栄した年でした。昨年(一九一八年)秋には、私たちと他の多くの人々が「インフルエンザ」に襲われ、春には、私たちの生徒の家族が仙台の火事の危険にさらされました。
(第一三号:American Episcopal:Ethel H. Correll)

一九二〇年の記録より(実際は一九一九年)
大阪・木津川幼稚科
　昨年、大阪でインフルエンザが猛威を振るっている間、市の規程により幼稚園を二週間閉鎖しました。子どもたちの家族の病気とインフルエンザにかかることの恐怖のために、私たちの園児の何人かは四月一日まで幼稚園を休みました。しかし、二一人の園児がこの幼稚園のコースをすばらしい成長で終えることができました。

（第一四号：Churches of Christ Mission in Japan：C. E. Robinson）

京都・相愛幼稚園

インフルエンザ、校長先生の病気、そして私自身は京都から休業を強制され、私たちの仕事は深刻な中断となった。しかし、これらのことにもかかわらず、私たちの二九人の子どもが卒業し、大規模な入学クラスを設けました。

（第一四号：Congregational.　A.B.C.F.M.：M. L. Gordon）

神戸・二宮幼稚園

園児数は、年間を通して私たちの園の最大数をほぼ維持しています。しかし、ある朝、インフルエンザの惨劇の最中に、五七人の登録者のうち、一八人しかいないことがわかりました。そして、幼稚園が休園する前に、私たちは神に私たちの園児たちと彼らの家を恐ろしい病気から守るように祈ることを提案しました。ほぼ全員の教師がサークルになり短い祈りの言葉を交わして参加しました。その後、幼稚園が再開されたとき、私たちの小さな群れの誰もインフルエンザに苦しんでいなかったので、私たちの祈りが答えられたことがわかり、園全体の喜びが明らかになりました。

（第一四号：South Presbyterian：Rachel P. Fulton.）

神戸・頌栄幼稚園・保姆伝習所

インフルエンザ：一二月が終わり、記憶に残る忘れられない今年の出来事は、インフルエンザのことで、とても明るい三人の先輩（伝習所の女学生）がそれぞれ一二月の五日の内に亡くなってしまうという、悲しみに包まれたことです。

私たちは、クリスマスのお祝いの代わりに、私たちのプレイルームで三人の葬儀をしました。三〇年間ではじめて、新年に私たちの園は閉鎖し、幼稚園は一二月一八日から二月二日まで閉鎖されました。

（第一四号：Congregational. A.B.C.F.M.：Annie L. Howe）

一九二一年の記録より（内容は一九二〇年）

今年の同窓会はとても活発にすると約束しましたが、病気がやってきて、また一九二〇年の記念日に代表でスピーチをした子がインフルエンザで亡くなりましたので、春からは、病気の子どもたちのためにスクラップブックを作るための小さな会議が数回しかありませんでした。

（第一五号：S.P.G（Nippon Seikoukai）Protestant Episcopal：A. Parker）

これらの記録から、当時のインフルエンザ感染防止の対策では市の規程による園の閉鎖、休園措置がされていたこと、教師や子ども、また女学生がインフルエンザで死亡したといったこと、そうした実態を確認することができます。

まず、一九一八年の京都・桜井育成幼稚園（現・聖三一幼稚園）では、冬にインフルエンザの流行があったことが記録されています。ただし、「幼稚園は何日も閉鎖される」ことはなかったと報告されていることから、一定程度の影響はあっても閉鎖は続かなかったようです。また、仙台・青葉女学院幼稚園保姆養成科（一九四一年廃校）では、一九一八年の秋に、「私たちと他の多くの人々が『インフルエンザ』に襲われ」たことが記録されており、養成科あるいは幼稚園に関わる教師もしくは生徒（園児）らがインフルエンザにかかったことが記録に残っています。

次に、一九一九年では、大阪でインフルエンザが猛威を振るい、大阪・木津川幼稚園（現存不明）は、大阪市の規程により幼稚園を二週間休園していたことが記録されています。中には、インフルエンザにかかることの恐怖のために、欠席する園児がいたということが分かります。同様に、京都・相愛幼稚園（現・相愛幼稚園）では、インフルエンザの流行で、京都から休業を強制され、幼稚園の運営を中断せざるを得ませんでした。また、神戸・二宮幼稚園（現存不明（当時園長：Mrs.S.P.Fulton・神戸神学校の関連））では、インフルエンザの惨劇の影響で、園児数が激減したことが報告されています。しかし、園児の小さな群れがインフルエンザにかかからず、教師らの祈りが答えられたことを喜んだことが記録から分かります。さらに、神戸・頌栄幼稚園・保姆伝習所（現・頌栄短期大学附属幼稚園・頌栄短期大学）では、十二月にインフルエンザによって伝習所の女学生が亡くなっています。クリスマスが埋葬の祈りとなり、約二か月の間、幼稚園が閉鎖されていたことが記録から確認できます。

その後一九二〇年でも、神戸でのインフルエンザの流行は続いていたようです。神戸・昇天幼稚園（一九九三年廃園）では、園の記念日に代表でスピーチをした子がインフルエンザで亡くなっています。

これらのいずれの記録は、女性宣教師が一年間を振り返り、園の運営状況や園児数の増減を意識しつつも、当時インフルエンザが流行した地域の状況を述べているものです。女性宣教師が自身の宣教及び教育活動報告を誇張するために、当時の困難な事情を強調し記した可能性はあるかもしれません。しかし、このように幼稚園やその地域にスペイン風邪インフルエンザが流行していたことは確かです。また、表1にあるように、スペイン風邪インフルエンザ流行以前から、コレラ、赤痢、水痘、はしか、百日咳、おたふく風邪、腸チフス、疫痢、結核などの感染症と向き合いながら、幼児教育が営まれてきたことが分かります。その当時の感染症の対応・対策は、ただ休園の措置に拠るだけではなかったようです。ＪＫＵでは、各園が開園時から設けている営みの一つに「母の会」がありました。母の会では、園と家庭が共に子どもの育児に向き合い、また病気など当時の問題について学ぶ機会があったのです。

表1　病気・感染症関連事項の記録一覧

西暦	各園の報告：病気・感染症関連事項（地域・園名）
一九〇七	**コレラ**と**ペスト**の流行（神戸・善隣）
一九一〇	市内で**赤痢**流行（佐賀）、**水痘**と**はしか**の流行（川越）
一九一二	伝染病の問題、初期の兆候、詳細な注意を（頌栄幼稚園・保姆伝習所）、**病気**で亡くなる少女の話（浜松・東洋英和）
一九一三	春期に**はしか**と**百日咳**が襲い中断した（浜松・ときわ）

一九一四	今年の春に市内で流行した**腸チフス**（弘前）、**病気**で卒園欠席（大阪・天王寺）
一九一五	恐ろしい病気の**疫痢**が蔓延（浜松・かきわ）、子どもたちの間で大きな**病気**（築地）、多くの**病気**がある中（深川）、何人かの子どもが**病気**で亡くなる（名古屋・モーニングスター）、**百日咳**と**はしか**流行し、子どもたちが園から遠ざかる。教師は**病気**の子どもを訪ねる（神戸・二宮）
一九一六	四月以降**はしか**の流行があり、出席減少（松本）**はしか**と**百日咳**の流行し幼稚園での蔓延が非難される（滋賀・ぜぜ）
一九一七	多くの園児が病気（原宿）、**コレラ**の恐怖（東京・月島）、昨年**コレラ**の恐怖（金沢女学校）、生徒の一人が**病気**であったが、清潔・健康的を保つ（仙台・師範）、**はしか**と**百日咳**（北海道・小樽）、**はしか**流行（東京・啓蒙）、**病気**の男児（津たまき）、昨年**コレラ**と**はしか**（渋谷）
一九一八	ヘッドティーチャーの深刻な**病気**（深川）、一九一七年四月**はしか**の流行（小石川）、教師の**病気**が続く（金沢）、子どもたちは**はしか**・**百日咳**・**風邪**に苦しみ、教師は**おたふく風邪**（小樽・ロース）
一九一九	一九一九年冬の始め**インフルエンザ**流行（桜井育成）、一九一八年秋に**インフルエンザ**春には火事の危機（仙台）、非常に悪いタイプの**はしか**（上田）、**赤痢**で園児三名死亡（滋賀・ぜぜ聖愛）
一九二〇	**インフルエンザ**による休園などインフルエンザに関する事項六件（大阪、きず川、神戸西宮、神戸頌栄他）、ヘッドティーチャーの**腸チフス**（鳥取・愛真）、深刻な**病気**（名古屋・柳城）
一九二一	同窓会で一九二〇年記念日に代表スピーチした子が**インフルエンザ**で死す（神戸）、ヘッドティーチャーが長い**病気**（静岡）、教師の間で奇妙な**病気**（博多）
一九二二	一九二一年一〇月近畿支部で**結核**予防・幼児の健康講義、健康と清潔のプログラム・月二回医師の検診・流行病予防などに関する事項一〇件（秋田、金沢双葉、大阪ランバス女学院、二宮他）
一九二四	**病気**による欠席（長野・あさひ）
一九二五	四人の教師の重い病気（静岡）

＊一九〇七年から一九三九年までのＪＫＵ年報記録より、病気及び感染症に関する事項を抜粋し一覧にしたものである（病名太字は筆者による）。

2　スペイン風邪及び感染症の影響と対応――「母の会」、健康活動と衛生対策・指導

ＪＫＵ加盟の幼稚園の活動では、設立当初から「母の会」（"Mother's Meeting"）という組織を設け、そこでは、幼児教育を通して家庭との密接な連携を図り、育児や生活改善に関する講演や話し合いなどを行っていました。「母の会」の目的は、母親が子どもにより正しい理解と幼稚園の保育に関心を持つこと、さらにキリスト教信仰の理解に至ることでした。具体的な内容は、医師による病気に関する講演、宣教師らによる料理や裁縫教室などでした。それらのことは、女性宣教師の記録を基にした表2より確認できます。

それだけではなく、インフルエンザの流行以降では、各幼稚園での健康活動や衛生指導を推進していることが分かります。スペイン風邪インフルエンザの蔓延が三年近く続いたことにより、ＪＫＵの園では、「手洗いの方法」の指導（図1）や「園医の身体検査・健康診断」（図2）、「食育活動」「日光浴」（図3）「午睡」「戸外遊び」など、健康・衛生に関する取り組み（表2・ゴチは筆者による）を行うようになっていったのです。

図1①　Cleanliness is next to godliness.

図1②（下）

This is way we wash our hands.

This is way we wash our clothes.

2―1　子どもへの指導

まず、幼稚園の活動では、例えば、一九二六年報告「手洗い・顔洗いの方法（レッスン）」（京都・平安幼稚園、現・平安女学院大学附属こども園）の**図1**①には「Cleanliness is next to godliness」と英文のキャプションが付いていたように、清潔を敬虔と同じように重要視し、一人一人の子どもに洗面器を用意して手洗い・顔洗いの指導を行っていました（JKU年報号：英文表記は教派と宣教師名）。

昨年の平安幼稚園は、健康管理について特別な努力をしてきましたが、これまで行われてきたことはほんの小さなことであり、種が蒔かれ、今では少なくとも子どもたちは自分のために簡単なことのいくつかを行う方法を知っています。同封の写真は、手洗いと顔洗いのレッスンです。（第二〇号：American Episcopal：Helen J.Disbrow）

このような手洗いの指導等による健康・衛生に関する教育実践は、他の地域でも、**図1②**のように「これは私たちの手を洗う方法です。」（「This is way we wash our hands.（Shimizu Kindergarten, Nagoya.）」（第二〇号一九二六年［実際は一九二五年の取り組み］：名古屋・清水幼稚園 South Presbyterian, 現存不明。当時の園長は Mrs.L.C.M.Smyhte. 金城女学校、現・金城学院の関連）という写真が残されていることから、こうした活動が広く展開していたことが分かります。

2―2　医師による健康診断

また、日本における幼稚園教育界では、一九二九年に園医の設置を制度化しますが、JKU加盟の幼稚園では、それより先に、一九二二年（実際には一九二一年）の時点で園医による検診や指導を行っていたことが史料より確認できます。その中の一部の報告、秋田・秋田幼稚園（現・秋田幼稚園）と大阪・ランバス女学院附属幼稚園（現・関西学院幼稚園）を紹介します。（英文表記は教派と宣教師名。）

一九二一年度の活動：JKU年報第一六号（一九二二年）より

秋田・秋田幼稚園

秋田幼稚園の私たちが試みた健康診断は、非常に実用的な方法で地域社会を助ける可能性があり、役立つ情報を収集したいと考えています。入園時に私たちは五八人の子どもたちを健診しました。
(Church of Christ：Gretchen Garst)

大阪・ランバス女学院附属幼稚園

昨年の成功した事の一つは、一九二一年一二月の児童福祉活動の組織でした。クリスチャンの医師が、一か月に二日間、小さな子どもを持つ母親のために診療の機会を与え、ランバスの教師は教育的または宗教的な問題に関心のある母親の相談に応じます。(Methodist Episcopal Church, South：Margaret M. Cook.)

女性宣教師たちは、こうした健康・衛生に関する活動を、日本の幼児教育において先駆的に取り入れ進展させてきたと考えられます。また、宣教師の記録にあるように、「健康診断は、非常に実用的な方法で地域社会を助ける」役割を担っていたことが分かります。さらに、クリスチャンの医師による「小さな子どもを持つ母親のために診療の機会」が、「教育的または宗教的な問題に関心のある母親の相談」の役割を果

Getting the doctor's help, wlth mother and teachers at the medical Clinic.
Lambuth Jo Gakuin Kindergarten, Osaka.

図2　健康診断
J.K.U. 年報第21号（1927）より。写真下の英文：Getting the doctor's help, with mother and teachers at the medical Clinic.Lambuth Jo Gakuin Kindergarten, Osaka.

たし、地域に繋がる教育活動がキリスト教の伝道的役割を担っていました。

このように健康診断が行われ、また、健康診断は幼稚園の子どもだけではなく、地域の親子に対しても診察を行い、幼稚園が地域に対して健康・衛生に関する支援を行う役割を担っていました。

他にも「母の会の後援の下、各幼稚園で成功したベターベビーデーの無料の診察サービス」（第一六号：Kanazawa Kindergarten, Kanazawa 1922）といった記録もあり、幼稚園の健康診断を母の会が支えていたことや、幼稚園教師と母親が協力して共に考え研究して解決をはかる衣服食物衛生等の教育活動「母親学校」開設に発展させたことなど、このように、ＪＫＵの幼稚園の中で、健康・衛生管理の取り組みが推進されてきたのです。

これらの園医による健康診断は、「子どもたちが悲鳴を上げて泣く場合もあるが、身体検査はとても意味のある仕事であり、小学校に入るまでに、子どもたちの健康促進と改善のために重要であること」（第一六号：Heian Kindergarten, Kyoto.1922）という記録があることからも、幼稚園と家庭、さらに地域が繋がりながら、実際に行われていたことが分かります。

2―3　生活の工夫（食育活動・地域性）

また、幼稚園によっては、子どもの興味や意欲を活かした食事に関する推進活動や、地域の特性が表れている取り組みなど、子どもの健康な体を育む教育実践を取り入れて展開させていました。京都・今出川幼稚園（現・同志社幼稚園）では、次のような出来事が記録されています。（英文表記は園名・教派と宣教師名。）

週に一回、子どもたちに昼食のご飯だけを持参させました。その日、幼稚園で野菜を調理し子どもたちに好きなだけ与えました。ほうれん草などの野菜を触る習慣がなかったので、幼稚園で一緒に作って調理するという特別さから、意外によく食べていました。家でほうれん草を食べたことのなかった女の子が家に帰って母親に先生から教えてもらった作り方を伝えて頼んで家でも食べました。（第二二号：Imadegawa Kindergarten, Kyoto. Congregational: Katherine Fanning 1928）

このように、幼稚園の食事では、実際の野菜に触れ調理し、子どもたちが特別さを感じて意外によく食べるという取り組みがなされ、その後、子どもが家で先生から教えてもらった作り方を母親に伝え作って食べたという出来事を教師が知って記録していることから、幼稚園の教師が家庭での子どもの様子を共有し理解していたことが分かります。その他にも、適切な食事の在り方や生活の仕方を指導し、工夫しながら健康推進活動が行われています。金沢の北陸女学校の幼稚園であった英和幼稚園（現・北陸学院第一幼稚園）では、次のような出来事や行事がありました（英文表記は園名・教派と宣教師名）。

先生たちは健康について話し合ってきました。適切な食べ物を食べる、顔を洗う、歯を磨く、日差しの中で遊ぶ、健康列車に乗って八時に寝る絵を壁に飾りました。ある日、エミちゃんの父親が食事前にケーキを出したが、エミちゃんは「いやいや、これを食べると健康列車に乗れなく

図3①　太陽の学校・日光浴
J.K.U. 年報第 22 号（1928）より。写真下の英文：Kanazawa Hokuriku Jo Gakko Kindergarten,Sunshine School.

なるよ」と拒否しました。

夏の間の三週間、特別な「太陽の学校」を開催しました。宗教教育と健康活動が特徴でした。歌、賛美歌、戸外遊び、大学の医師の下による日光浴、乾布摩擦、牛乳の提供、静かに遊ぶ時間などのプログラムでした。（第二二号：Kanazawa and Takaoka Kindergartens. North Presbyterian: Anna Irene Reiser 1928）

このように、幼稚園生活の中では、子どもが健康に過ごして「健康列車」（a health train）に乗るといった食事に関する意識や生活の仕方を促す指導がされていました。また、日照が不足する西日本の日本海側の北陸地域では、写真「太陽の学校」（Sunshine school）といった日光浴を重視した健康活動を実践するなど、生活の工夫を行っていたことが分かります。こうした活動は、その後北陸地域の各幼稚園で展開され、その様子図3②「日光浴・午睡」（「Sun-bath in the Hakui Kindergarten-Ishikawa ken」（第二六号一九三二年：石川県・羽咋幼稚園　Canadian Methodist）

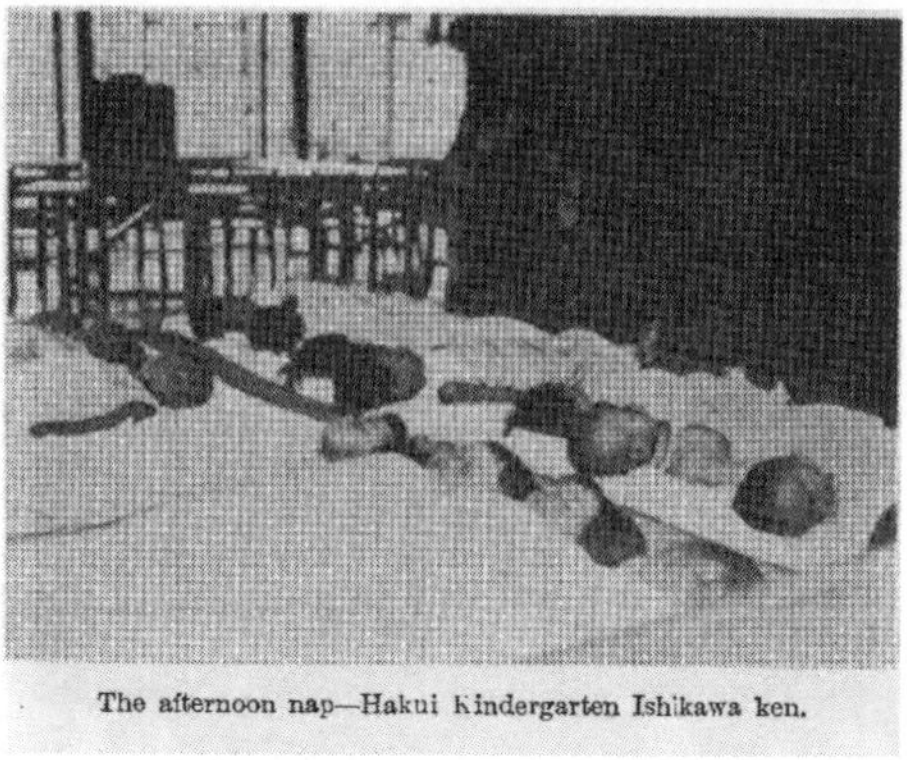

図3②　午睡
J.K.U. 年報第 26 号（1932）より。写真下の英文：The afternoon nap-Hakui Kindergerten Ishikawa ken.

（現・羽咋白百合幼稚園）が残されています。

　このような幼稚園における健康推進活動、衛生の指導においても、ＪＫＵ幼稚園では、常に「母の会」と連携し家庭と共に取り組んできたのです。

2―4　家庭（母の会）・教会・地域との連携

　「母の会」の具体的な活動は、表2にある母の会で行われていた事項より確認できます。例えば、一九二三年の記録にある「母の会」（第一七号：実際には一九二二年の取り組み）では、「治療法、健康的な子どもになるために講演、無料の診療所」「クリニックの先生の話」「クリスチャンではない担当医二人」「家庭でのよい健康習慣」「担当医から子どもの弱さを教えてもらう」「園医の身体検査・健康診断の話―扁桃腺の拡大・アデノイド」とあるように、「母の会」が健康・衛生に関する取り組みを進展させてきました。さらに、家庭訪問、交換レポートや園児の観察カード（発達の様子を伝える）のやりとりを積極的に行っていたことも報告に残されています。

　この「母の会」は、当時の母親の生き方、家庭の在り方の改善を考える期待できるものでした。一九二二年の報告の一部の金沢・二葉幼稚園（現・聖ヨハネ保育園）、東京・あさひ幼稚園（現存不明）、小樽・ロース幼稚園（現・ロース幼稚園）を紹介します。（英文表記は教派と宣教師名。）

一九二一年度の活動：ＪＫＵ年報第一六号（一九二二年）より

金沢・二葉幼稚園

今年の母の会で最もよかったことの一つは、新たに必要となった毎年の子どもたちの身体検査を担当する医師から、子どもたちの虫歯が弱い点であることと、その原因と危険性、また母親が何をするべきかという予防策を教えてもらったことです。

同様に、医師から、一般的な病気の扁桃腺とアデノイドについても話してもらい、母親たちは興味があったので、最も有益な話となりました。

（American Episcopal：P. A. Smith）

東京・あさひ幼稚園

夏休み前の最後の母の会で、母親たちは会のために提案された新しい計画に非常に熱心に取り組みました。家政学を専門とする真面目なクリスチャン女性の奉仕では、料理の一連の実践レッスンを受けて、女性（母親）たちはこの機会を非常に満足していました。この提案を最も熱心に歓迎した母親の一人には、幼稚園を卒業した六人の娘がいて、もう一人の女の子（娘）が、今私たちと一緒にいます。これらの集まりが幼稚園と家庭の絆を深める手段となることを願っています。

（Evangelical Association：Sarah C. Kramer）

小樽・ロース幼稚園

昨年（一九二一年）三月に卒業生の会が開かれ、一〇〇人以上が出席しました。初めて役員が選ばれ、継続的な同窓会の結成となっていることを願っています。六月に札幌の笹さんが母の会に来てくれて、WCTUの歴史を教えてくれました。その後、お酒とタバコの悪影響について厳しい話がありました。一〇月の初めには、ピアソン夫人が母親たちに最も有益な話をし、私たちは彼女と一緒にいることを嬉しく思いました。会の後、以前からキリスト教に少し興味を持っていた母親の一人が、教会の礼拝に出席したいと思いを伝えてきました。他の方にもそうしていただきたいと思っています。

(Northern Presbyterian：Carrie H. McCrory)

記録にあるように医師が、子どもたちの健康推進のために「母親が何をすべきかという予防策を教え」といった幼稚園での奉仕を頻繁にできる機会があったということには、幼稚園の関連教会に医師が属していた可能性があります。

また、スペイン風邪インフルエンザやその他の感染症の流行によって、子どもを育てる母親と幼稚園の教師らは、「家政学」を見直し、学ぶことを求めていたことが記録から推察できます。特に、JKUのキリスト教主義幼稚園では「母の会」が継続して行われ、料理による栄養学や被服学に関する事項、生活を見直した保健・衛生学的な取り組みを展開させていました。女性宣教師たちは、熱心に取り組む母親たちと「クリスチャン女性の奉仕」などによる集まりが幼稚園と家庭の絆を深める手段となることを願い、家庭と繋がる活動を続けてきました。だから、スペイン風邪インフルエンザの流行時に、園の閉鎖等の影響はあったとしても、園と家庭が繋がり続けることができたのではないでしょうか。こうした繋がりが、「キリスト教に少し興味を持っていた母親の一人が、教会の礼拝に出席したい」と促される宗教的な役割を保ってきたと考えられます。

おわりに――女性宣教師の果たした役割

本章では、キリスト教主義幼稚園に携わった女性宣教師の記録より、スペイン風邪インフルエンザの実態とその影響について確認してきました。

ＪＫＵ年報によれば、一九一八年から一九二〇年の期間に、インフルエンザが流行していたことが一部の幼稚園の記録の中から確認できます。市の規程による閉鎖、休園措置を行っていたこと、また教師や園児、女学生が死亡した実態が分かりました。インフルエンザの恐れにより、園児が減少するといった影響はあったとしても、女性宣教師らは、スペイン風邪インフルエンザをはじめとする感染症に向き合い、各幼稚園での健康活動や衛生指導を推進してきました。それは、「母の会」をはじめとする幼稚園が家庭と地域に繋がる活動を行っていたから続けられたのです。これらの活動において、女性宣教師が果たした役割として、次の三点が考えられます。

第一に、幼稚園の「母の会」を継続発展させてきたことです。ＪＫＵ加盟の幼稚園の活動では、設立当初から「母の会」（“Mother's Meeting”）という組織を設け、そこでは幼児教育を通して家庭との密接な連携を図り、育児や生活改善に関する講演や話し合いなどを行っていました。幼稚園と家庭が繋がり、子どもの育ちについて考え合う組織「母の会」で情報を共有し、常に園と家庭が連携していたのです。

第二に、クリスチャン医師の健康診断の機会を園児だけでなく地域の子どもにも設け、キリスト教幼稚園が地域社会を支える役割へと推進させたことです。そうしたことで、幼稚園が教育的・宗教的に母親に応じ、地域に繋がる伝道的役割を担うことができたのです。園医を早くから設置していた点は、各園の関連教会に医師が属していた可能性があります。

第三に、子どもを育てる「家政学」を強調し、様々な活動を先駆的に取り組んだことです。特に、幼稚園の中で、「手洗いの方法」「野菜の調理」「健康列車」や「日光浴」などの取り組みで生活や遊びの工夫を行い、健康推進、衛生指導などの教育実践がされていました。また、「母の会」では、料理による栄養学や被服学に関する事項、生活を見直した保健・衛生学的な取り組みを展開させていました。卒園児を持つ母親たちが熱心に取り組むクリスチャン女性の奉仕なども取り入れ、家政学を通した幼稚園と家庭が繋がる活動を続けてきました。これらの活動によって、母親が教会の礼拝に出席するといった伝道に結びついて行ったのです。

以上のことより、キリスト教主義幼稚園は、日本の私立幼稚園として桜井女学校附属幼稚園（一八八〇年）、英和幼稚園（一八八六年）などを設立し、一九〇〇年では私立幼稚園の約三割がＪＫＵ加盟園となるほど進展させてきましたが、その背景には、キリスト教宣教の一端として幼児と母親を教育し支援する活動を継続してきたことがあったと言えます。だから、女性宣教師の幼児教育の活動は、スペイン風邪インフルエンザによる影響があっても、その後の日本の幼児教育の発展に貢献していくことができたのでしょう。

表2　母の会及び各園での健康推進、衛生指導

西暦	各園の報告：健康推進及び衛生指導関連事項（地域・園名）
一九〇七	母の会‐衛生と病気のケアに関する医師の講座（秋田）
一九〇九	清潔さを教える（善隣・あいか）、母の会‐教師・医師・牧師の話（佐賀）
一九一一	母の会‐子どもの性質・健康・公衆衛生（かきわ）
一九一四	病気で卒園欠席、母の会教師・牧師・医師による話（大阪・天王寺）
一九一七	母の会医者の講演（東京・啓蒙）
一九一八	医師や歯科医の講演（東京・まさき）
一九一九	母の会子どもの病気とケア
一九二二	一九二二年一〇月近畿支部で結核予防・幼児の健康講義、健康と清潔のプログラム・**月二回医師の検診**・流行病予防などに関する事項一〇件（秋田、金沢双葉、大阪ランバス女学院、二宮他）
一九二三	母の会―治療法、健康的な子どもになるために講演、**無料の診療所**（大阪・愛隣）、クリニックの先生の話（富山・青葉）、クリスチャンではない担当医二人（金沢）、家庭でのよい健康習慣（静岡英和）、担当医から子どもの弱さを教えてもらう（金沢・双葉）、**園医の身体検査**・健康診断の話―扁桃腺の拡大・アデノイドなど（京都・平安）
一九二四	病気による欠席（長野・あさひ）、医師のフォーラム「目耳鼻喉歯のケア」（大阪）、医師と看護師と接続し健康プロジェクト、（他地震に関する報告一〇件）
一九二五	母の会―健康に関する医師の話や料理と裁縫のクラス（静岡）、入浴と歯磨き（京都・聖公会）、**健康診断**（福井）、健康状態良好の報告（東洋英和・静岡英和）、園医を持ち、四半期に一度**身体検査**を行い子どもの健康のための正しい提案を保護者に（大阪ランバス女学院）、目の検査（松山）、**身体検査**（名古屋柳城）

<table>
<tr><td>一九二六</td><td>衛生学を学ぶ（仙台部会）、写真：手洗いの方法（京都・平安）・（名古屋・清水）、母の会―出生前の影響（富山・青葉）、二歳未満の検診の話（東京）</td></tr>
<tr><td>一九二七</td><td>家庭で牛乳を拒む子が幼稚園では飲むこと・病気の子どものことを祈ること・写真：月一回子どもたちの健診（大阪ランバス女学院）、衛生学で必要なコース・乳幼児の身体的ケアの意義をカリキュラムに追加する必要がある（頌栄保姆伝習所）</td></tr>
<tr><td>一九二八</td><td>写真による報告（戸外遊び、室内遊び、宗教教育、子どもの仕事、健康教育）</td></tr>
<tr><td>一九二九</td><td>健康教育（金沢女学校附属）（京都・今出川）の報告</td></tr>
<tr><td>一九三〇</td><td>身体検査と健康対策（神戸・頌栄幼稚園）、栄養教師との健康促進の取り組み（大阪ランバス女学院）、身体的活動と健康訓練（名古屋・柳城）</td></tr>
<tr><td>一九三一</td><td>牛乳を出す事、ランチプラン、子どもの身体的ケア（小浜・舞鶴）</td></tr>
<tr><td>一九三二</td><td rowspan="2">健康支援のため教師が子どもと一緒に病院へ通う、日光治療（名古屋）、日光浴・午睡（石川・羽咋）、医師の診察年一回、野菜スープ（浜松）、健康習慣（福井・聖三一）、服を着る方法のポスター（名古屋）、園医はいないが母の会で健康の話し合いを持つ（スターライト）、栄養士による子どもの昼食（ランバス女学院）、一九三二年一月に引越し日光の入る部屋（東洋英和幼稚園）健康に関する報告―粉石鹸の使用、鼻の習慣、牛乳、昼寝、日光浴、午睡、戸外遊びの写真</td></tr>
<tr><td>一九三三</td></tr>
<tr><td>一九三四</td><td>健康に関する報告―粉石鹸の使用、鼻の習慣、牛乳、昼寝、日光浴</td></tr>
<tr><td>一九三五</td><td rowspan="2">午睡、戸外遊びの写真</td></tr>
<tr><td>一九三六</td></tr>
<tr><td>一九三七</td><td rowspan="3">ＪＫＵと保育連盟との合同の議事録他</td></tr>
<tr><td>一九三八</td></tr>
<tr><td>一九三九</td></tr>
</table>

＊一九〇七年から一九三九年までのＪＫＵ年報記録より、母の会及び健康推進や衛生指導に関する事項を抜粋し一覧にしたものである。

【引用・参考文献】
キリスト教保育連盟編『ANNUAL REPORT OF THE JAPAN KINDERGARTEN UNION』日本らいぶらり、一九八五年 （ＪＫＵ年報）第一巻[1907-1910]、第二巻[1911-19114]、第三巻[1915-1918]、第四巻[1919-1922]、第五巻[1923-1927]、第六巻[1928-1939]
キリスト教保育連盟百年史編纂委員会編『日本キリスト教保育百年史』キリスト教保育連盟、一九八六年
熊田凡子「日本のキリスト教幼稚園におけるスペイン風邪の実態と影響―ＪＫＵ年報の記録を中心に―」『富坂キリスト教センター紀要』第一一号、二〇二一年三月
熊田凡子「日本の学校教育史における感染症と幼児教育―ＪＫＵ年報の女性宣教師の記録を手がかりに―」『昭和女子大学現代教育研究所』第六号、二〇二一年三月
熊田凡子・辻直人「米国長老教会宣教師アイリン・ライザーのキリスト教教育観―戦前期の活動記録から―」『キリスト教教育論集』第二五号、日本キリスト教教育学会、二〇一七年
小林恵子『日本の幼児保育につくした宣教師―下巻―』キリスト教新聞社、二〇〇九年
山森泉「北陸地方のキリスト教保育史―ＪＫＵ年報からの翻訳と解説（六）」『北陸学院大学・北陸学院大学短期大学研究紀要』第二号 第一分冊、二〇一〇年三月

コラム5　感染症の記憶

堀　成美

「スペイン風邪」とよばれ当時広く流行したインフルエンザウイルスは、他のウイルスのように変異を続けており、流行する主流なウイルスの型も毎年変わる。ワクチンもその予想に基づいて作られている。インフルエンザウイルスは毎年多くの人の生命や健康を脅かす「風邪系ウイルスの王様」である。同じ時期に同じような風邪症状になるウイルスはたくさんあるが、それらは名前を聞いても知らない人がほとんどだろう。私たちが特別な反応をしたり、その記憶をとどめ記録に残したりするためには、社会がそれをどう認知し扱ったのかが影響する。

二〇〇九年に流行した「新型インフルエンザ」は、海外から帰国して診断された人たちや学校に対してバッシングが起きた。その後、ワクチン不足などの混乱も生じ、まさに「大騒ぎ」だった。しかし、このウイルスが法律上特別な感染症でなくなった日を多くの関係者は知らない。いつの間にか他のふつうのインフルエンザと同じ扱いになったくらいに思っている人がほとんどであるが、法律や制度上は二〇一一年三月に変更されている。二〇一一年三月は東北・東日本の大震災以外のニュースがまさにふっとんだ状態だった。大騒ぎの時の記録は残ったが、そこにどう立ち向かい、何を大切にしたのか、どう私たちの社会は回復していったのかについては、関心の低下とともに情報が残らなくなっていく。

新型コロナウイルスの流行に際し、礼拝や集会の中止など、キリスト教の教会も大きな影響を受けている。しかし、人々や社会は対策を学び、感染者や家族への偏見差別も少しずつ減っている。不安や混乱から立ち直り、経済活動の回復や困窮している人を支えるための支援に多くの人が協力をしたいと願っている。この時期にキリスト教が新しい感染症にどう対峙したのかを記録し、それを次世代へと引き継いでいきたい。

スペイン風邪と再臨運動

上中 栄

はじめに

J・S・バッハのカンタータ（BWV1, BWV140）やオルガン曲（BWV645）で知られる、フィリップ・ニコライの有名なコラールは、一六世紀末のペスト惨禍の中で書かれました。その一つ「目覚めよと呼ばわる物見らの声」などの邦題がある歌は、「再臨」を待ち望むものです（『讃美歌21』二三〇番、『新聖歌』一四七番など）。そんなことを思い巡らすうち、今般のコロナ禍で引き合いに出される「スペイン風邪」の流行期、ホーリネス史では「再臨運動」が起きていたことを思い出し、当時の教会の様子を調べてみました。ところが、ホーリネス史を扱った本にスペイン風邪に関する記述がほとんどありません。なぜかと思っていたところ、この研究会の誘いを受け、他教派でも事情は似通っていることを知りました。

ところで、「ホーリネスがバッハを気取るな」と言うほどのホーリネス嫌いは減ったと感じますが、それでも「ホーリネスでもバッハをお聞きになるんですか」といった、「上から目線」で見られることは未だによくあります。

ここで取り上げる「再臨運動」は、こうした「上から目線」で捉えられてきました。つまり再臨運動は、内村鑑三、中田重治、木村清松らによりますが、もっぱら内村の思想に関心が集まり、それが研究対象となってきました。そして、再臨信仰がもつ前近代的な要素は見下され、それは中田に帰せられ、「興味がない」（大内三郎）とまで言われてきました。そう思われても仕方ない部分はあると思っていますが、命の危機を感じる状況では上も下もありません。それでは、スペイン風邪が流行する中での再臨運動とは何だったのか、ホーリネスの一介の牧師の視点から少しばかり考えてみます。とは言え、膨大な内村研究を網羅するだけの能力も時間もなく、コロナ禍で図書館も自由に使えないため、手が届く範囲の材料によるものとなります。

まず、戦前のホーリネス略史を紹介します。一九〇一年、中田とカウマン夫妻が、神田神保町に「中央福音伝道館」と「聖書学院」を設立し、「新生、聖化、神癒、再臨」の「四重の福音」を旗印として、ホーリネス運動を始めました。一九一七年、「東洋宣教会ホーリネス教会」を設立し、中田が監督に就任し、主に国内の教会形成と伝道に専念するようになります。翌一九一八年一月に内村鑑三、木村清松らとの「再臨運動」が始まり、スペイン風邪が流行し出したのは、この年の半ばです。一九一九年一一月に、「大正八年のリバイバル」が起こり、教勢が拡大しますが、一九三三年九月、再臨信仰とユダヤ人問題をめぐり、中田と聖書学院教授（委員派）らが対立、一九三六年一〇月に「和協分離」と称して東洋宣教会ホーリネス教会は分裂し、中田は「きよめ教会」、委員派は「日本聖教会」と名乗って再出発しました。一九四一年六月、「日本基督教団」創立に際し、「きよめ教会」は第九部、

「日本聖教会」は第六部として合同、翌一九四二年六月、ホーリネス系三教会に対する弾圧がありました。「再臨運動」と「リバイバル」は、ホーリネスの戦前史ではかなり大きな出来事でした。

中田と内村の出会いのきっかけは、一九一六年七月に内村の隣家が火事になった際、中田が聖書学院の学生と共に消火を手伝ったことです。いわゆる主流諸教派から蔑まれながら、それをアイデンティティとしていたホーリネスですが、著名人内村鑑三と知遇を得たことで、中田は虎の威を借るような思いになったことでしょう。しかも、再臨信仰で意気投合できるなど、思いもよらなかったに相違ありません。

なお、本稿では木村清松にはほとんど触れられませんが、下に見ているわけではないことをご了承願います。

1　パンデミックと教会の課題

さて、新型コロナウィルス感染が収まっていない中で歴史を振り返ろうとすると、これまで託された仕事の関係もあって、ある種のバイアスが働くことは、筆者には避けられそうにありません。そこで、いっそのことそのバイアスを提示しておこうと思います。

1　前提

教会の課題について考える際、前提となるのは、パンデミックに対して教会は「為す術がない」ということです。近代以前であれば、「祈れば病は治る、教会に来れば病気に罹らない」と言えたでしょう。しかし、さすがにそれは今日ばかりでなく、再臨信仰が前近代的といえども、一〇〇年前の教会にもありませんでした。実際に教会でできることは、手洗い、マスクの着用、換気など、一般的な対策であり、それは今も一〇〇年前も変わりません。

歴史人口学者の速水融は、スペイン風邪が忘却された理由をいくつか挙げ、スペイン風邪で街の景観は変わらなかったが、この数年後に起きる関東大震災では景色が一変した、スペイン風邪流行期の写真が殆どないのは、それが「絵にならなかった」からだろうと推測します。日本のキリスト教史でも、関東大震災に関する記述は多くありますが、スペイン風邪の記録が少ないのは、街の景色だけでなく、災害支援のような教会の働きは目に見えても、スペイン風邪対応は為す術がなく、言い方は悪いのですが「絵になる」働きができなかったからではないでしょうか。これもまた、今も一〇〇年前も変わりません。

2　教会の課題

そうなると今日の教会の課題は、教会に集まるべきかどうか、礼拝の方法をどうするか、リモートにするか、その場合聖餐はどうなるか、経済的困窮に対する支援はどうするか、といった具体的な方策となります。少し進めば、聖餐とは、礼拝とは、教会とは、奉仕とは、と課題は神学的になり、そうした課題についての検証は、既に始まっているようです。ただ、再臨や終末論の再考という話はほとんど聞きません。

これらに加え、コロナ禍によって民主主義の退潮が露呈したのではないか、というのが筆者の見立てです。市民革命以降の民主主義は、公権力と市民の双方が成熟していないと危うい制度です。コロナ禍によってその脆弱性が明らかになっていると思われるのです。キリスト教にとっては、「信教の自由」の問題でもあり、公権力や市民社会との関係が大きくなりますが、それ以前に人権理解の根幹が揺らいでいると思わされます。

民主主義を標榜する欧米各国では、軒並みロックダウンが実施されました。民主主義と明言した上で、私権制約に理解を求めた国がある一方で、アメリカでは大統領が根拠のない楽観論を語り続け、保守的なキリスト者を多く含む一定数の人々が支持し続けました。そしてあの大統領選です。陰謀論など煽情的な情報の氾濫、それに突き動かされ、連邦議会議事堂にまで乱入する様は、民主主義退潮の象徴に見えました。

こうした政治制度としての民主主義の退潮も問題ですが、民主主義の国々で感染拡大が収まらないことをどう考えたらいいでしょうか。権威主義的な国々では人流を強制的に止められますが、民主主義では良くも悪くも自由が尊重されます。そして民主主義国の多くでは、その自由や主体性が互いの生命を尊重する方向に働いていないのです。それは、アメリカ独立宣言に謳われている天賦人権論が力を失っているのではないか、そうであれば、キリスト教的な人権理解にとっても大きな挑戦であるはずです。

日本の場合、そもそも天賦人権論を憲法から抹消したい人たちが権力中枢にいるわけですから、私権制限には抑制的に見えて、世論に圧力をかけさせる自粛要請のように、行政が責任をとらずに力を行使できる形となっているのは当然かもしれません。市民社会もそうした行政の誘導には乗りやすく、国民の相互監視、デマ、医療従事者への感謝という同調圧力などの作用は、日本社会が潜在的に持っているものです。それがコロナ禍によって、露呈したと思うのです。

こうした日本社会の一員である教会は、コロナ感染対策に苦慮すると共に、世間体も気にしたはずです。地域社会との緊張を本能的に感じているためですが、世間体といった聞こえの悪いことを、教会では隣人愛の実践や宣教の一環だと、聖書や神学によって正当化することがあります。戦時下の合同問題や戦争協力、弾圧された教会への対応がその典型です。信仰的な粉飾は、教会に内包されている弱さや過ちを覆ってしまいます。

コロナ感染と民主主義に直接の関係があるわけではありません。ただ、その脆弱性を露呈する契機となっていると考えられるのです。

2　背　景

前置きが長くなりましたが、こうした事柄を意識しながら、スペイン風邪の流行期のことを振り返ってみます。

1　国際情勢

スペイン風邪の存在が知られるようになったのは、第一次大戦中です。大戦中のロシア革命（一九一七年)、大戦後のヴェルサイユ体制(一九一九年〜)や国際連盟設立(一九二〇年)などが、この時期の世界情勢となります。さらに留意したいのは、シオニズム運動です。

中田重治は、もともとメソジスト(美以教会)の伝道者でしたが、一九世紀末のアメリカで起きていた信仰復興運動に聖霊の力を求めて渡米、シカゴのムーディー聖書学院に学びます。後に再臨運動を共に行う木村清松もこの学校で学んでいます。

この一九世紀末アメリカの信仰復興運動の原動力となっていたのが、「再臨信仰」です。再臨信仰は、大雑把に言うと、黙示録に記されている「千年期」を、比ゆ的に捉えるか、字義的に捉えるかで理解が分かれます。字義的に捉える「千年期説」はさらに、千年期の間にキリストの支配によって世の中は改善されて行き、その後に再臨があるとする「千年期後再臨説」と、千年期の前に再臨があるとする「千年期前再臨説」に分かれます。

このうち、聖書を七つの時期(ディスペンセーション)に分けて考える「千年期前再臨説」によれば、千年期はイスラエルの回復期になります。信仰復興運動の原動力となったのは、この「千年期前再臨説」であり、中田もこの立場です。なお、戦争については、それが世の中の改善につながると理解する「千年期後再臨説」は戦争支持、罪の結果だと理解する「千年期前再臨説」は非戦論になります。

ややこしい話で恐縮ですが、これはキリスト者の信仰理解だけでなく、一九世紀末のシオニズム運動にも関係します。ディスペンセーショナリズムは、イスラエルの復興を現実的に理解するからです。シオニズムのアメリカ・キリスト教界での中心人物の一人に、W・E・ブラックストーンがいます。彼が一八七八年に書いた『Jesus is Coming』は、四〇か国語以上に翻訳されるベストセラーとなりました。そして、ユダヤ人の国を建設するよう大統領に要請するなどのロビー活動を行い、それを支援した著名人に、J・D・ロックフェラー、J・P・モルガン、C・H・マコーミックなどがいます。さらにブラックストーンは、一八九四年のドレフュス事件を機にシオニズム運動を始めた、T・ヘルツルを支援するなどしました。

第一次大戦末期、イギリスの二枚舌外交として知られるバルフォア宣言（一九一七年）など、シオニズム運動は外交上の駆け引きの材料となりました。つまり、スペイン風邪の流行期は、シオニズム運動がリアリティを持っていた時期ということになります。

ちなみに、内村の日記には、再臨運動の東京大会から、ニューヨークの大会に祝電を送り、それが「大拍手喝采を以て迎へられし」（一九一八年一一月一〇日、以下同じ）とあります。しかし、欧米のディスペンセーショナリズムは、第一次大戦の頃はナショナリズムとも相まって、次第に戦争支持へと変わっていきます。そこにも、シオニズムの影響があると考えられます（青木保憲、役重善洋）。

2　国内情勢

日本国内は、議会政党体制ができたいわゆる大正デモクラシーの時期で、第一次大戦中の軍需景気から戦後恐慌へ転落し、労働運動、女性運動、農民運動が頻発していました。

大正デモクラシーについては、福音によって教会を建て上げるべきという植村正久と、デモクラシーの基盤はキリスト教であるという海老名弾正にそれぞれ代表される考えが、当時のキリスト教界の主な理解でした。

そうした中、内村は、デモクラシーについては否定的でした。大戦後の国際秩序構築に対し「新聞紙は益々国際連盟デモクラシーの失敗を伝ふ、失敗は当然である、（中略）何れにしろ今や大なる審判は基督教国と基督教会との上に臨みつ、ある」（一九一九年四月二八日）と言い、再臨運動後のものですが「世界はデモクラシーに由て救はれない、（中略）デモクラシーは其最善の者なりと雖《いえど》も政治上の主義たるに過ぎない、（中略）デモクラシーに非ずキリストである、改造に非ず再造である、国際連盟に非ず万国が将さに再び現はれんとし給ふキリストの足下に集ひて其審判と指導を受くる事である、世界救拯の途は茲に在る、之を除いて他に在るなしである」（「デモクラシーとキリスト」一九二〇年四月一〇日）と言っています。ここにも再臨信仰が生きています。

中田の場合、再臨運動中には「あれでも信者かと思はる、デモ信者ばかりがデモクラシーなどと流行語を使ふやうに見ゆるは僻目か」（一九一九年五月二二日付の『聖潔之友』、以下同じ）と、デモクラシーを揶揄していました。リバイバルの最中には「我等はホーリネスの見地から未信者は勿論或信者とも共同する事が出来ない。殊にデモクラシーだの普選運動だの労働問題などの名のもとに跋扈して居る不法の霊の動作を看破して居る我等は必要上かの宣言書を出さゞるを得なくなつたのである」（一九二〇年四月八日）と言っています。この宣言書というのは、一般の宗教事業や社会運動と同調しないというものです。

内村と中田のデモクラシー理解は同じではありませんが、共に批判的ではあります。このデモクラシーとの距離感は、後に主流諸教派と異なる歩みへとつながります。もっとも、この時期のデモクラシーと今日の民主主義は、憲法が違うのですから同列に扱うことはできません。また、内村も中田も、天皇制やナショナリズムからも自由ではありませんでした。今日的な人権理解が出来ない以上、前近代的な人間理解になるのは必然とも言えます。

また、再臨信仰と似た思想を持つものに、終末預言宗教と呼ばれるものがあります。スペイン風邪流行期の宗教の役割について、詳細は不明ですが、民衆がお祓いや厄除神に参拝しにいったと報じられています（速水）。しかしこれらは、慣習的宗教行動であって、布教や宣教との関係は考えにくいでしょう。終末預言宗教は、破局が迫っていると危機感に訴える要素があります。宗教学者の対馬路人によれば、近代日本で終末預言宗教が最も高揚したのは、この大正から戦後初期にかけての時期です。しかしその背景にあるのは、「近代と伝統、世界と日本の関係がぬきさしならぬ葛藤や緊張としていやがうえにも意識されるような時代」だと言います。では、スペイン風邪は「破局」とは理解されなかったのでしょうか。

例えば、終末預言宗教の筆頭である大本教の場合、「時節の切迫」という予言によって教勢が急拡大するのは、一九一八年頃です。『大本七十年史』がこの時期の「深刻な情勢」として挙げているのは、戦争の危機や戦後不況、労働運動、農民運動などの社会問題です。それに伴って心霊主義が起こったとしていますが、スペイン風邪についての言及は見出せません。こうした共通点があるのは興味深いところです。

3　再臨運動

そして、再臨運動とスペイン風邪との関連ですが、直接的な関係はありません。再臨運動が始まったのは、一九一八年一月六日、スペイン風邪が流行り出したのは、その年の半ばですから、スペイン風邪は再臨運動の動機ではありません。では、スペイン風邪の流行が深刻になっていくなかで、再臨運動時の内村や中田はどのように対峙したのでしょうか。

1　内村鑑三の場合

内村鑑三が再臨運動を始めた契機は、娘ルツ子の死去（一九一二年）、第一次大戦、特にアメリカの参戦（一九一七年）、そして友人のデヴィット・C・ベルから送られた『The Sunday School Times』の三点が挙げられます。再臨信仰に、究極の答えを見出したというのです。これに加え、シオニズム運動の影響を考慮すべきと思います（役重、小山哲司）。一九一八年五月一二日、三崎町バプチスト会館での講演「聖書の預言とパレスチナの快復」（一九一八年五月一二日）などは、シオニズムそのものと言えるでしょう。そうなると、ディスペンセーショナリズムとのかかわりも無視できない要素になります。そもそも、ベルも、『The Sunday School Times』の編集者チャールズ・G・トランブルも、ディスペンセーションの立場です。この点を少し考えてみます。

内村は、中田らとの違いを早い段階から公言していました。その内容は、再臨の日時を定めない、黙示録の千年をそのまま解しない、神癒を信じない、の三点であり（「余がキリストの再臨に就て信ぜざる事共」一九一八年二月一〇日）、これらは明らかに中田の立場、あるいは傾向を指します。中田もまた、内村が純福音になったわけでもなく、神学の系統も違うと言っています。ところが、その同じ文の中に中田の次のような言葉があります。

氏等〔内村〕は聖潔派になつたのでもなく、また私はあの方々に降参したのでもありません。たゞ基督の千年前再臨について同信仰であるところから此一点のみを高調するために一致して居る耳《のみ》であります。（一九一八年二月一四日）

また、再臨運動の最初の集会、一九一八年一月六日、東京基督教青年会館での内村の講演「聖書研究者の立場より見たる基督の再来」は、藤井武が筆記したものが『聖書之研究』や『基督再臨問題講演集』に残されています。ホーリネス教会の『聖潔之友』にも、山崎亭治が筆記した同じ講演が載っています。両者の比較は本文批評のようでおもしろいのですが、藤井の筆記には欠落している部分に、次のような一文があります。米国で「シーリー先生の此一言」で信仰が大革新を起こしたという段落と、帰国後、全力を傾注して聖書の研究をしたという段落の間の部分です。

其当時私は同級生にケリーといふ男があつた。此友人はノースフキールドのムーデーを尊敬して居たもので私にもムーデーの信じて居つた基督の再臨を信じさせやうとし、時に態々ノースフキールド迄私を連れ出した事もある。しかし私は折善くムーデーに説得されずに帰校が能《で》きた。
（一九一八年一月二四日）

ムーディーの夏季学校へ行ったというこのエピソードは、全集の年譜や『内村鑑三日録』にも記録がありますが、なかなか興味深いものです。『東京独立雑誌』に内村は、「勤学中の挿話に過ぎざれば爰《ここ》に掲ぐることを止めぬ」と記していて、『聖潔之友』もそのようなニュアンスに読めます。他方、この夏季学校での「救ひは今日に至るも確実」（『内村鑑三日録』）という記録もあり、単に取るに足りないというわけでもなかったようです。かつて再臨信仰やディスペンセーションを一笑に付していましたが、それを評価するようになったということでしょう。実際に内村は、ブラックストーンの「Jesus is Coming」を中田が訳した『耶蘇は来る』を評価し、『聖書之研究』で紹介しただけでなく、取り次ぎも行っています（「基督再臨問題の研究に就て」一九一八年五月一〇日）。紹介文の中に「其或る部分に就ては読者の首肯し難き点無きにしも有らざるべきも、其大体に於て再臨の聖書的根拠を闡明して誤らざるは何人も承認する所である」と断っているように、内村がディスペンセーションを全面的に受け入れたわけではないでしょう。それでも、その影響を全く排除してしまうのも不自然です。

内村の再臨信仰は、「非科学的、非神学的」であると批判されて、再臨運動はやがて終息していきます。しかし、その後の内村研究は、ディスペンセーションという、いわば「まがいもの」になるべく触れずに、内村の思想に着目していると言えます。例えば、『The Sunday School Times』のトランブルの文は何の変哲もないが、熟しきっていた内村の心内は、何かで火を付ければ発火するような状態だった（鈴木範久）、あるいは、他の神学者や思想家の立場による受動的な借り物の思想ではなく、思弁的に構成した神学的議論としての終末論でもない（土肥昭夫）、さらに、思想の発展と必然性がある（大内）、と言った具合です。それはその通りだと思います。前近代的と言うのは単なる後戻りではなく、人権理解に制約がある中での人間理解の模索と言えるかもしれません。しかし、だからといって「興味がない」と切り捨てるのは、上から目線に過ぎます。むしろ、熟しきった内村が、前近代的な再臨信仰にたどり着いたこと自体に、内村のダイナミックさや魅力があるのではないでしょうか。

さて、その内村のスペイン風邪についての言及は、日記に次のようなものがあります。「家の婦人二人まで流行西班牙感冒に罹り余も亦多少家事を助くべく余義せられた、庭の掃除をさせられた」（一九一八年一〇月二五日）、翌日も家事が渋滞したと、スペイン風邪が身近に迫っていることが分かります。

他方、「第五回講演会を青年会に於て開いた、雨天と流行感冒とにて会衆は例会よりも寡《すくな》かつた、凡そ三百人位ひ」（一九一八年一〇月二五日）、「第六回講演会を青年会に開く、来聴者四百余名、流行感冒にて欠席者多し」（一九一八年一一月三日）、「此日聴衆最も多く八百人もあつたらう、流行感冒猖獗《しょうけつ》を極め会合と云ふ会合孰《いず》れも衰微の状態を呈する時に方り此れ丈けの会合を此問題の為に設くるを得しは大感謝と称せざるを得ない」（一九一八年一一月一〇日）と、再臨運動への影響を気にするものも散見されます。「猖獗〔悪い物事がはびこる〕を極め」ながらも「大感謝」とは、今日であれば「不謹慎狩り」の標的にされそうな感覚ですが、時には一〇〇〇人を超える人々が再臨の話を聞きに集まったというのは、驚きです。

再臨運動の講演の中では、スペイン風邪についての言及は多くありません。いくつかあるのは、次のようなものです。

恐ろしいのは此流行性感冒である。（中略）是れ実に世界的疫病である、「民起りて民を攻め国は国を攻めて饑饉、疫病、地震有るならん」とありて世界的戦争に続いて世界的疫病が来たのである（馬太廿四の七）、而《しか》して此疫病に限つて不思議なるは人々の之に就て多く注意を払はない事である、東京市中に於て今日でも毎日二三百人の死亡者ありと雖《いえど》も其市民は死の其門前に立ちつゝ、ある事に気附かないのである、斯くて劇場は満場の盛況を呈し、政談演説会亦立錐の地なしとの事である、斯の如くに世界の審判は行はる、のである、悪魔は人をして神の審判に無頓着ならしむ、恐るべき哉《かな》。

（一九一九年二月一四日）

誠に恐るべき世界的疫病である、而して我等は眼前に其害毒を目撃しながら今日の医学を以て之を如何ともする事が出来ないのである。（中略）愛の神は何故に斯かる患難を降し給ふ乎、何故愛児を撫育するの態度に出で給はざる乎、こは人間の申分である。神は決して何等警告を加ふる事なく人の罪深きに至て不意に之を陥る、が如き無慈悲を行ひ給はない、幾度びか誡告に誡告を重ね忍耐に忍耐を加へて悔改めを促し給ふ。然《しか》れども人の之を熟知して尚従はざるに当り神は何時迄も慈母の態度を続けて可ならんやである、愛の神に忍耐の絶ゆる時がある、其時即ち滅亡忽《たちま》ち世に至るのである。

（「イエスの終末観」一九一九年三月二日）

スペイン風邪を再臨のしるしと捉え、「警告」が基調となっています。神の「愛」は、滅亡までの忍耐のことであって、死の恐れや不安に対するメッセージとは言えません。

2　中田重治の場合

再臨運動での中田の講演録はあまりありません。スペイン風邪流行期の中田の言説やホーリネス教会の様子は、『聖潔之友』紙上に散見される程度です。それらは、巻頭言や説教、再臨運動を含む諸行事の報告記事、全国の教会の消息記事、の三種類に大別できます。このうち、巻頭言や説教、報告記事から、中田がスペイン風邪をどのように捉えていたかが分かります。

主の再臨は或人人には「盗人の夜きたる如く」(撒前五〇二) 突発事件であるだらう。しかし聖書を信ずる者の眼には其休徴《しるし》が見ゆるから、何時でも警戒の態度をとつて居るのである。「民おこりて民をせめ国は国をせめ飢饉疫病地震ところぐ〵に有ならん」(太二十四〇七) これは其休徴の一である。戦争は申すまでもない、近来全世界に流行して居る感冒の如きも我らは休徴の一と認めている。

(一九一八年一一月五日)

来らんとする怒は戦争ばかりでない。聖書に飢饉疫病地震などがあるとして書てある。現に其前触が彼地此地にあるではないか。これらの出来事を平気で見聞して居るとは油断も甚しい。今は目醒むべき時である。

（一九一八年一一月二八日）

やはり、スペイン風邪の流行を、再臨のしるしと捉え、「警告」を発しています。次に、諸行事の報告記事には、以下のようなものがあります。

折角催された該集会は流行病のため非常の打撃を受け集る者極めて僅少であつた。

（一九一八年一一月二八日、関ヶ原修養会）

此度の流行性感冒が諸処にて其猛威を奮ふて居るため来会者如何と一方ならず心配した。しかし主を慕ふ兄姉等が諸処より参集した。毎会五六百名の人々集つた。

（一九一八年一一月二八日、基督再臨研究東京大会）

主筆は熊本に於る天幕伝道に赴く積りなりしが彼地の感冒甚しきため集会中止となり無期延期となれり。

（一九一八年一一月二八日、熊本）

スペイン風邪は、諸行事の妨げになることに関心があり、スペイン風邪そのものについての言及ではありません。この感覚も、内村と似ています。最後に消息を見てみます。

山崎兄や三井兄は流行の感冒に強く罹られしが快方に赴かる。(一九一八年一一月五日、聖書学院)

今度私は幸か不幸か世界的の流行性感冒に犯されて暫《しば》く床の中に横はる身となつた。何故私はかく苦しむのかと一時は実に堪《たま》ら無く思はれた事もあつた。しかし癒された今日ではこれが此上も無い祝福であつた事が胸にひし〳〵と迫るを覚ゆる。(一九一九年一月二日、松江)

第一回の流行感冒には小生だけにて家族は犯されざりしも、今回は家族一同やられました。(中略)爾来《じらい》諸教師並に伊藤牧師諸兄姉の御熱祷により神の御手絶えず二児及家族の上に在りて快癒せられたり。(一九一九年二月一八日、八王子)

我等に一信者あり流行感冒の為に危篤に陥つた今や其息気を引く斗《ばか》りとなつた、其刹那に於て彼は従来安息日を守ることを怠てをる、十一献金を怠てをる、此罪人が今主の前に召されて如何に為すべきかと、彼は全く悔改て其罪を認めた、驚く勿《なか》れ其時に彼は全く癒され床を払て起きた、翌日会社に辞職を願出た之は安息日を守ることをしない会社なるが故なり。(一九二〇年一月二九日、大阪)

以上は、再臨運動からリバイバルの時期にかけての消息や体験記です。ホーリネスが掲げていた「神癒」の影響もあってか、快復を信仰の証言とする傾向があります。最後の引用文中、病と罪を結び付けるのは、リバイバリズムの特徴でもあります。これらは、かなり前向きな内容ですが、次のような報告もあります。

宮澤兄姉は気候の変化の為に困難を嘗められた。二人の御子さんは此地特有の麻疹のために長らく苦しめられ今度も二人共感冒の為に苦しめられた。
（一九二〇年一月八日、奄美大島）

由来沖縄と喜界には多くの信者があつた。しかるに昨年秋流行性感冒のために多くの善き信者が死んだ。
（一九二〇年一月二二日、喜界）

仙台の菅野夫人の母堂は流行感冒の為め去廿三日東京にて永眠せられたり。
（一九二〇年一月二九日、仙台）

殊に本年に入りては流行感冒猖獗を極め（中略）信者求道者又は其家族にして罹病者もあり人心は戦々兢々たるに係らず教勢には何等障害なく僅に日曜学校生徒の出席が減少せしのみにて大人の出席者増加し礼拝の如きは平均十名を算ふるに至れり而して青年会の発会家庭集会の開催等新らしき方面にも働きを始め非常の向上と進歩を来たし漸次《ぜんじ》教会の基礎は固められつ、あり然らば本年は聖霊の御援助により大なる発展を見ること、信じ希望を以て活動しつ、ある次第なり凡ての栄光を主に帰し謹んで茲に教勢一般の報告を為す。
（一九二〇年四月一五日、那覇）

特に、「南島部」（ホーリネスの区分）方面からの報告からは、苦闘する様子が伝わってきます。前向きな報告が多い中で、これらの短い文の背後にあるものを考えさせられます。最後の那覇は、前年五月に不本意ながら急な異動を命じられ、いわゆる開拓伝道をしたが、スペイン風邪で困難を極めたという報告です。礼拝が一〇名というのはそのためですが、「何等障害なく」「出席者増加」「教会の基礎は固められつゝ」と言っているのは、当時のホーリネス教会にあった、困難を前向きに捉えようとする「同調圧力」のようなものが働いたと考えられます。

再臨運動やリバイバルを経て、ホーリネスの教勢は拡大しては行きますが、死の恐れの中にある人々に、真の希望を語り得たかは疑問です。同調圧力に耐えられる人が集まっていったのでしょう。

4　スペイン風邪と再臨運動

以上の事柄から、スペイン風邪と再臨運動の関係について考えてみます。

1　ディスペンセーションとの関連から

内村も中田も、スペイン風邪を終末のしるしと捉え、「警告」を発しています。これはディスペンセーションの論理です。内村は、満場の劇場や立錐の地なしの政談演説会を批判していますが、再臨運動の集会も毎回数百人が集まっていました。これは今日、災害時に問題になる、自分たちは大丈夫だと思う「正常化バイアス」とも似ていますが、目覚めている自分たちが、油断している人々に「目覚めよ」と呼びかける形です。これもディスペンセーションの特徴です。

こうしたことを踏まえると、スペイン風邪への言及が少ない理由を、いくつか推測できるかもしれません。

まず、内村も中田も、それぞれ公権力に対峙していました。しかし、スペイン風邪に対しては、当時の行政も為す術がなく、呼びかけられているのは手洗い、マスクの着用といった、今日と変わらぬことでしかありませんでした（速水）。そして、スペイン風邪に対して為す術がないのは、キリスト教も同様であったわけですから、行政批判という形での言及は当然ないことになります。

また、再臨信仰という究極の解決を指し示すことと、為す術のないスペイン風邪対策は、安易に結び付けられないことも、言及が少ない要因と言えるでしょう。巷で行われていたお祓いや厄除神参拝などは、現世ご利益であって、終末思想ではありません。そもそも、キリスト教はご利益宗教ではないという自負がありますから、「病気に罹らない、病気は治る」とは言いません。内村が早々に「神癒」を信じないと言っているのも、こうした意識と無関係ではないでしょう。中田の「神癒」も、後に極端な理解も出て来るのですが、元は医者や薬を頼る前に神に信頼せよ、というものであって、ご利益的なものではありません。スペイン風邪に限らず、心の問題ということになります。

さらに、内村も中田も、スペイン風邪を終末の「しるし」としながらも、神の「審判」とは言いませんでした。それは、彼らの聖書理解に基づくものであると共に、身近に感染者がいたことも関係すると思います。内村の身近には感染者がいました。中田自身も罹患し、内村に勧められて三等主義を止め、二等寝台車で大阪大会に向かったとあります（一九一九年一月三〇日）。そうした「現状」であれば、言及は少なくなるでしょう。

再臨信仰がもつ、究極的な解決というのは、戦争や社会問題といった、人間の営みに関する事柄で、罪の問題が関係してきます。しかし、パンデミックや自然災害のような出来事は自然相手のことであり、祟りや因果応報的と言わない限り、そこに人間の罪を結び付けることには無理があります。内村も中田もそのような言い方はしていません。むしろ戦争との関連で言及するような形です。ちなみに、二人がそれぞれ論拠としたマタイ福音書第二四章七節は、最近はどの翻訳でも「疫病」は訳出されていません。

2　デモクラシーとの関連から

スペイン風邪の流行期は、デモクラシーの曲がり角の時期でもありました。普選運動や労働運動などが盛んになりながらも、人権は抑圧される方向へと進んで行きます。関東大震災（一九二三年）を経て、普通選挙法・治安維持法が成立し（一九二五年）、海老名弾正の流れにある、吉野作造の「民本主義」のように、天皇制の枠内に収められたデモクラシーは、十五年戦争期には埋没していきます。植村正久に代表される理解も、神学が自己正当化のツールになり、やはり埋没していきます。しかし、再臨信仰は別の道を辿りました。正確には、公権力が終末思想を問題視したのですが、先に挙げた大本教のほか、天理本道など、キリスト教では、再臨信仰を奉じていた無教会やホーリネス系教会が、治安維持法に違反するとされ、再臨信仰の否定は自己保身となりました。ただ、無教会の浅見仙作は無罪となりましたが、旧きよめ教会の辻啓蔵の上告は棄却され、その後、辻は獄死しました。どちらも裁判長は三宅正太郎でした。思想検事らが、ホーリネスを「見下して」いたことが知られていますから、司法への影響も勘繰られますが、思想が統制され、軍国主義化した社会で、再臨信仰は《地の塩》であり得たことを示していると言えます。

しかし、再臨運動と当時の民衆運動など大正デモクラシーとの関係はあるとしても、スペイン風邪とデモクラシーに直接の関係はありません。あるとすれば、人々の死生観でしょう。内村も中田も、社会主義やデモクラシーといった政治体制に救いはなく、ただキリストであると主張しました。それが浮世離れした話ではなく、リアリティをもって受け止められる接点となったのが、ディスペンセーショナリズムであり、シオニズム運動です。再臨運動に集まった何百人という聴衆は、スペイン風邪の脅威の只中で再臨の話に耳を傾けました。そこには、死生観に関する真剣な問いがあったはずです。講演で語られる「警告」は、そんな人々に響いたのでしょう。しかし、そこに慰めや希望の要素はあまりありません。彼らにその感性がなかったのではなく、運動としては語られていないのです。そして「警告」は、その時の世界情勢と関わるという意味では、普遍的なメッセージではありません。それでも、先に再臨信仰は前近代的と言いましたが、キリスト教的な人権理解を、海老名のように日本社会と相対化させず、植村や高倉のように内省化させず、明治憲法下で時代と対峙しながら主張したことに、内村や中田の真剣さがあり、再臨運動の意義が見出せるのではないでしょうか。関東大震災の内村の天譴論にも、人権理解と信仰理解の緊張が読み取れるように思います。ただ、ご利益と結びつかない「警告」は、スペイン風邪の流行の収まりと共に忘れられたのでした。

おわりに

今日、内村や中田がいたら、対立する大国の傲慢さや愚かさを断罪し、コロナ感染が拡大しても自分勝手に振る舞う民主主義の国々を指して、やはりデモクラシーに救いはないと言うでしょうか。今はそうした警告を信仰の言葉として叫ぶ人も、再臨信仰を叫ぶ人もいません。いたとしても、多くの人は取り合わないでしょう。災害が起きると、神の裁きだと言う人はいますが、表層的です。また、今ではホーリネスにおいてもディスペンセーショナリズムの聖書釈義には批判的ですし、シオニズムについても、一定数の支持はあるようですが、必ずしも多くはなく、再臨運動のようなムーヴメントの兆しもありません。つまり、終末を「破局」として語ることを今日の教会はしません。そうであれば、再臨や終末はどう理解されるでしょうか。

コロナ禍で感染の拡大と収束が繰り返される原因は、「気の緩み」だと言われます。それは言い方を換えれば、感染の最初期に多くの人が感じた、「死の緊張感」の緩みです。再臨運動で語られた「警告」に普遍性がないとしても、「死」は人間にとって普遍的な問題です。乱れ飛ぶ不確かな情報、陰謀論やデマへ安易な同調、飛び交う独りよがりな正義、先鋭化する他者への攻撃等々、コロナ禍で露呈した様相は、人権理解の退潮や死の緊張感の歪みの表れでもあります。民主社会は、これらを強制的に終息させられません。まさに市民社会の成熟、人権理解の深まりが問われる事態に直面しているわけです。こうした中、福音の普遍性を信じる教会の責任と役割は何かを考えさせられます。しかも、これらは「絵にならない」課題だけに、私たちの終末についての感性や人権感覚が問われていると思うのです。

最後に、今なお歌い継がれている、フィリップ・ニコライの再臨を待ち望む歌を、中田重治の息子、中田羽後の訳詞で紹介します（『聖歌』一八四番）。

さめよ日は近し　見張り人は叫ぶ　人々備えよ
出でよ時近く　門口に至れり　花婿ぞ来る
とく掲げよ　なが灯　ハレルヤ！　待ちこがれし主を　喜び迎えよ

聞けや歌声を　暁いや近し　星は空にあり
踊る心持て　今か今かと待つ　花婿なる主は
わが望みよ　わが冠よ　ハレルヤ！　栄えに輝く　キリスト迎えよ

歌え高らかに　み使いも聖徒も　力は主にあり
君はとこしえに　この世を統べ給わん　その時迫れり
見よ主来る　いざ迎えよ　ハレルヤ！　祝いのむしろは　備えられてあり

キリスト者の日記に見るスペイン風邪

戒能信生

「日記」は、一部の例外（永井荷風の『断腸亭日乗』など）を除いて、本来公開を前提にしていません。それだけにその時代の雰囲気や空気をよく残しており、事後的な価値観が一切加えられていないことから、貴重な歴史資料である場合が多いとされます。最近、牧師やキリスト者の日記が公刊され、歴史研究においても貴重な資料になっています。それらの中に「スペイン風邪」がどのように記されているかを紹介してみましょう。

1　内村鑑三の場合

やはり注目すべきは、内村鑑三（一八六一―一九三〇）です。一九一九年二月一四日の内村の「日録」（「日々の生涯」『聖書之研究』第二二四号）には、次のような記述が見られます。

恐ろしいのは此流行性感冒である。去る一月十五日を以て終る十二週間に於て全世界に於て此病に斃れし者は凡そ六百万人であるとの事である。倫敦市に於てのみ一万人斃れ、其本元の西班牙に於てはバルセローナの一市に於て一日に一千二百人の死亡者を出せる時があつたと云ふ、米国に於て五十万の死亡者あり、其内多数は出征軍人の内にありて、敵軍の銃丸に斃れし者よりも遙かに多数なりと云ふ、其他亜細亜、阿弗利加、欧羅巴、豪州、到る所此病に襲はれ惨憺の状を呈しつつある、是れ実に世界的疫病である、「民起こりて民を攻め、国は国を攻めて饑饉、疫病、地震有るならん」とありて世界的戦争に続いて世界的疫病が来たのである（馬太伝二十四の七）、而して此疫病に限って不思議なるは、人々の之に就て多く注意を払はない事である。東京市中に於て今日でも毎日二三百人の死亡者ありと雖も、其市民は死の其門前に立ちつつある事に気附かないのである、斯くて劇場は満場の盛況を呈し、政談演説会亦立錐の余地なしとの事である、斯の如くに世界の審判は行はるるのである、悪魔は人をして神の審判に無頓着ならしむ、恐るべき哉。「幽暗《くらき》には歩む疫病《えやみ》あり、日午《ひる》には害なふ励しき疾《やまひ》あり、然ども汝恐るることあらじ、千人は汝の左に仆れ、万人は汝の右に斃る、然どもその災害《わざわひ》は汝に近づく事なからん」とある（詩九十一篇六、七節）、神を信じ彼の御用に従事して我等は安心して此疫病の地に働くことが出来る。

同じ内村鑑三の一九一九年三月二日の再臨運動での講演（「イエスの終末観　馬太伝二十四章の研究」（『聖書之研究』二二五号）でも、同じ趣旨の発言が次のように記されています。

疫病亦然り、伝染病予防の方法は既に間然する所なきに似たるも流行性感冒は全世界を襲うて停止する所を知らず、欧州北米南米豪州印度南阿等皆害を蒙らざるはなく、本年一月十五日迄に之が為に斃れし者六百万を算へ、西班牙バルセロナ市の如きは一日の死者千二百人に上りし事あり、誠に恐るべき世界的疫病である、而して我等は眼前に其害を目撃しながら今日の医学を以て之を如何ともする事ができないのである。避け得べき戦争も之を避くるを得ず、脱れ得べき飢饉疫病も亦之を脱るる事ができない、然らば地震は如何、地球は未だ全く冷却したるに非ず、地表より七哩の下には今尚真紅の火なりといふ、……愛の神は何故に斯かる患難を降し給ふ乎《か》、何故愛児を撫育するの態度に出で給はざる乎《か》、こは人間の申分である、神は決して何等警告を加ふる事なく人の罪深きに至て不意に之を陥るるが如き無慈悲を行ひ給はない、幾度びか誡告に誡告を重ね忍耐に忍耐を加へて悔改を促し給ふ、然れども人の之を熟知して尚従はざるに当り神は何時迄も慈母の態度を続けて可ならんやである、愛の神は忍耐の絶ゆる時がある、其時即ち滅亡忽ち世に至るのである。

ここには、世界の情勢に対する内村の預言者的な洞察、神の審判への畏れの感覚、そしてそこからくる時代認識と文明批判があると言えるでしょう。

これらの発言は、いずれも内村の再臨運動の最中でのものです。その点で再臨運動が一九一八年一月から始まっていることの意味を改めて考えさせられます。従来の研究では、内村が再臨運動を始めた動機として、娘ルツ子の逝去、そして第一次世界大戦の勃発とアメリカの参戦についての危機感が挙げられてきました。しかしスペイン風邪との関連についてはほとんど見逃されてきたように思います。内村が中田重治、木村清松たちと再臨運動を開始したのが、一九一八年一月のことでしたから、まだスペイン風邪はこの国に襲来していませんでした。しかしその後、各地で開催された再臨集会は、まさにスペイン風邪大流行の真只中で展開されたのでした。各地での講演会に参集した人々は、スペイン風邪によって周囲の人々が倒れ、次々に亡くなって行く只中で参加しているのです。聖書が示す再臨（終末）の予兆としての戦乱（第一次世界大戦）、飢饉（米騒動）、疫病（スペイン風邪）、地震（やがて来る関東大震災）などについての内村の指摘は、あるリアリティーをもって人々に響き、また受け取られたのではないでしょうか。その意味で、内村たちの再臨運動とスペイン風邪との関連を考えざるを得ません。あるいはまた、それから三年後、関東大震災が起こった際の内村の「天譴論」も、このような文脈で初めて理解することが出来るのではないでしょうか。

2 柏木義円の場合

柏木義円（一八六〇―一九三八）は群馬県安中教会の牧師でした。僧侶の家に生まれ、早くに父を失い、師範学校を出て小学校の教師をしていましたが、キリスト教に触れて海老名弾正から受洗します。そして同志社に学び、新島襄の薫陶を受けた人です。長く安中教会の牧師として、地域の諸教会と協力して『上毛教界月報』を発行し、その非戦思想や国体批判を粘り強く発信した人でした。

その義円の一九一九年二月一日の「日記」には次のように記されています。

西班牙ノ一角ニ発シタ西班牙感冒ハ全世界ニ、我国デモ患者一千万、死者数万、開戦ノ報デシ

ヤムノ毛ニ倍昂リ、休戦ノ電報デ日本ノ株式下落、地球ハ実ニ切近セリ
（片野真佐子・翻刻『柏木義円日記補遺』九六頁）

ここには、短くではありますが、第一次世界大戦とスペイン風邪との関連、さらにスペイン風邪の全世界的な流行への認識、そして世界大戦の開戦によって軍需物資が高騰し、終戦と共に株価が下落するという経済的な影響への洞察が見られます。他の牧師たちの日記や言説に、スペイン風邪についての言及がほとんど見られない中で、改めて義円の炯眼に驚かされます。ここには引用しませんが、第一次世界大戦の推移やその影響などについても、義円は詳しく「日記」に書き込んでいます。義円が当時の世相や海外事情について、また第一次世界大戦の進捗等について、どうしてこれほど精確な批判的認識をもてたのかが気になります。これは、その後の朝鮮の三・一独立運動についても、さらに第一次世界大戦後の世界の動向についての『日記』や『月報』の記述についても言えることです。

例えば、先に紹介した内村鑑三は、アメリカの友人デヴィッド・C・ベルから送られてきていた週刊誌『サンデー・スクール・タイムズ』（Sunday School Times）などを通して、第一次世界大戦の動向、さらにスペイン風邪によるパンデミックの事情を知っていました。「再臨運動」における内村の第一次世界大戦やスペイン風邪流行についての言説は、多くがこのアメリカから送られてくる週刊誌に拠っています。しかし義円は、群馬県の片田舎とも言うべき安中にあって、そのような海外の事情やニュースに直接触れる機会は限られていました。すなわち、義円は当時の一般の人々が目にすることが出来た新聞や雑誌の報道から、これだけの洞察をしていると言えます。すなわち、限られた情報であ

っても、そこに歴史の襞と真実を読み取る視点を義円は有していたことになります。そこに義円の炯眼があると改めて考えさせられます。

義円とスペイン風邪との関連では、この「日記」への言及の一年後、義円の次男策平がスペイン風邪によって急逝したことを見逃すことはできません。一九二〇年三月二〇日、義円の次男策平（二四歳）が、流行性感冒のために亡くなっているのです。策平は、千葉医専（現在の千葉大学医学部）に学んでいましたが、重篤な腎臓病と心臓弁膜症を患い、闘病しながら学生生活を続けていました（その看病のために、義円夫妻は交代で千葉まで度重ねて赴いています）。

一九二〇年（大正九年）三月一二日、策平は、春休みで安中に帰省していました。そして先に「流行性感冒」に罹っていた弟の季雄を看病している内に、自らも感染してしまいます。三月一四日の義円の『日記』には、こう記されています。

今朝ヨリ策平モ発熱、頭痛モ甚シキモノ如シ。夜ニ入テ高熱ラシク呻イテ苦シム。大イニ心配ス。

義円の妻かや子は既に亡くなっており、義円は一人で幼い季雄と策平の看護に夜を徹して尽くします。その経緯が『日記』に詳細に綴られています。

策平は心臓などに既往症があったため、日を追って症状が悪化し、三月二〇日、ついに息を引き取ります。この日の義円の『日記』から引用しておきましょう。

三月二十日　今日ハウハ言ヲ言ワズ正気ナリ、今朝ハ進ンデ注射ヲ受ケタシト言フ。季チャント言ヘ先ズ季雄ニ氷ヲ食ベサセ自ラ食シタリ。小川サン朝来テ食塩注射セラル。他ノ注射モセラル。神ニ信頼シ居ル可シ神ヲ忘ルナ神サマヲ忘レハスマイナド云ヘバ肯ク。非常ニ悪寒ヲ催フシガタガタ揮フ。……ソレヨリ下痢スルコト五回、今日ハ病勢益々険悪、熱ハ七度五分ナルモ脈拍ハ一六十以上ヲ数フ。……小川氏モ再三来リ再ビ食塩注射セラル。…自動車ニテ林先生来ラル。酸素吸入ナドセラル。看護婦小林マサ子サン前橋ヨリ到着、林サン帰リガケニ一両日支ヘレバ助カル可モ、先ズ六ケシト言ハル。呼吸ハ絶頂ナリキト。大熊サンモ来テ手伝ハレ、カラシ湯ニテ足ヲ暖ム。手冷ヘ居レバ予ハ之ヲ握テネロノ上ニ乗セ暖メントスレドモナカナカ暖マラズ。牛乳一合程セハシキ呼吸ノ間三度程ニ切テ飲ム。散薬ヲ飲マセシニ苦シキ容子ナリキ、ソレヨリ二、三十分モ経ザルニ逝ク。正ニ九時三〇分、室内何トモ云ヘヌ静ケサナリ。看護婦ト寛吾ト大四郎トニテ屍体ヲ拭フ……

「日記」ではありませんが、『上毛教界月報』二五七号（大正九年四月二〇日発行）に、義円は策平の闘病の様子と死に至る経過を詳しく報告した上で、次のような所感を記しています。

策平の病と死に際しての所感

イエスは同じく共に十字架に或る一人に對して「誠に我汝に告げん今日汝は我と倶に楽園に在

る可し」と仰せられました。今は十字架に釘つけられて曝され惨苦激甚なるも三寸息絶ゆれば和楽洋々の楽園實に有り難きことであります。私は策平が呼吸は絶頂、脈拍は百六十餘で苦痛激甚の態を見て唯胸を痛めて居ましたが、彼が絶息するや悲痛の際にも此の御言葉を憶ひ出で、彼の苦しみは拭うが如く去て、早や楽園の安息に入りしと思ふと大なる慰めでした。去るにても彼れに何の資格何の績ありてか此の過分の恩寵に與かることが出来ませうか。主の十字架の御贖ひの廣大無限なる御績あればこそ……染み染み十字架の御贖ひの有り難くして尊きを感じました。

又彼は父を最も信頼し病中特に私に依り縋つて居りました。其れ故に私も特に彼を可愛ゆく思ひました。之に由て知りました。天父が私共に求め玉ふのは此の子心で天父に信頼する此子心こそ特に天父の喜び玉ふ所で主は此の子心ある子を特に可愛ゆく思召すことを一層切實に感じました。

彼れの死は實に私に取つては一大打撃で哀傷の感切でありますが、生前彼れの上に注がれたる神の御恩寵を思へば感謝の外ありません。彼れの勉学中必要なるものは皆與へられました。先年大患の時でも今回でも私の生活程度に比しては贅沢な療養が出来ました。何か家に事ある時は教会の兄姉を始め深切の方々の寄せらるる御同情には何時も窃に感泣して居ります。思え来たれば皆神の御めぐみであります。

3　金井為一郎の場合

金井為一郎（一八八七―一九六三）は、日本基督教会の牧師であり、戦後は亡くなるまで日本聖書神学校の初代校長を担った人です。祈りの人として知られ、また神秘主義的な信仰理解に傾倒し、スウェデンボルグやサンダーシングをこの国に紹介した人でもあります。一九一九年八月、当時金井は山梨日本基督教会の牧師でしたが、御殿場教会の伝道集会に出かけていた際、「子どもの病気重しすぐ帰れ」との電報で、急遽甲府に戻ります。この子どもが、まだ二歳になったばかりの長男信一郎です。一九一九年（大正八年）八月一七日の日記を見てみましょう（『金井為一郎著作集』第三巻、七一頁）

内的の罪を悔い改めて、全く神の御旨にかなうものとならんことを願う。信一郎の病気（急性肺炎）再び重くして呼吸困難なために顔面蒼白となって悩み苦しむ。自分らが神の前に犯す心中の罪が、この罪なきものを犠牲にするのであると思うて、一切の罪を聖前《みまへ》に悔い改めねばならぬ。人を苦しめるものは苦しめられる。どうしても神の前に正しき途に立たねばならぬ。万事を解決するキリストの十字架において洗われ聖くされて信じて立つときのみ、神は永遠に愛にして義である。たとえ我を殺し給うとも神は愛である。そのことにおいては、一寸一分の誤りもない。されども独り子を賜う神は、必ずこの難関を突破させ給うことを信ずる。この有様を見て沈黙していい給うはずはない。大胆に信じて祈り奉る。主の御名こそ我が力なり。子供が生死の境を行きつ戻りつするときほど、親の心をして耐えられぬものにさせるものはないと思う。息がつまり苦しく胸をかきむしるようにしている。……

この二歳の信一郎が罹った肺炎が、「スペイン風邪」であったとは「日記」には記されていません。

ただ重篤な肺炎の症状で、時期的に考えるとやはりスペイン風邪との関連が推定されます。ここには、幼い我が子が重い病気で苦しんでいるのを我が身を苛まれるようにして見つめる父親の心情が伺われます。しかしそこで注目すべきは次の言葉です。「自分らが神の前に犯す心中の罪が、この罪なきものを犠牲にするのであると思うて、一切の罪を聖前に悔い改めねばならぬ」という受け止め方です。すなわち、自分の罪のゆえに、あるいは自らの神の前での至らなさの故に、この罪なき幼子が代わりに苦しんでいるという理解です。これは、無垢な幼子が何故このように苦しまねばならないかという不条理に対する信仰者の一つの真剣な受け止め方と言えるでしょう。これは、神の裁きを自分に代わって引き受ける病者への真実な眼差しと言えるでしょうか。そしておそらく、当時の真面目な信仰者たちの、身近な者の不条理な死に対する共通の受け止め方と言えるかもしれません。（因みに、この幼児は、医師の懸命の治療もあって危篤状態から奇跡的に回復しています。後の明治学院大学学長金井信一郎がその人です。）

4　高倉徳太郎の場合

今回の調査で、最も深刻に考えさせられたのは、高倉徳太郎（一八八五―一九三四）の日記です。高倉は、一九二〇年一月、友人の牧師渡邊重右衛門を流行性感冒で亡くし、哀切極まる追悼文を『福音新報』に寄稿しています。また同年二月三日には、同じく流行性感冒のために急逝した千駄ヶ谷教会の齊籐千代子の葬儀の司式を引き受けています。その間の経緯を「日記」で追って見ましょう

（秋山憲兄・寺田含翻刻『高倉徳太郎日記』新教出版社、二〇一四年）。

大正九年一月十二日（月）　午前中神学社に行く平凡。植村師を訪ふ。福音新報の編集室にて渡邊重右衛門君の死を知り実に驚けり。同君は私の最も好きな人の一人、実に善良なりき、可哀さうでならぬ心持ちするなり、何とかして同情せざるべからず。夜は一晩を費して「渡邊君の思ひ出」を書けり。何とかして同君を人々の心に刻みたし。

一月十三日（火）　昨夜遅くまで「渡邊君の思ひ出」を書きし故に頭脳がぼんやりせり。然し同君の為に多少にても訴へることが出来るならば、感謝。何卒同君の死が空しくならざらんことを切に祈るものなり。……渡邊夫人より夫君の死状につき知らせ来る、同情に堪へず。為めに余は青年会に於ける伝道局の集会に出席して、渡邊君の為めに訴へるべく行きしに、会は終りたる後にて残念なりき。

二月三日（火）　平凡なる一日なりき。午後田中達夫人来訪、齊籐氏の令嬢［千代子氏］の葬式の司式を小生に願ふとのことなり。――再び僧侶のまねをするかな。然し死者に同情してなす可きと思ふ。……渡邊夫人より始めて来書あり。実に夫君に別れたる夫人の心中を察して涙なり。渡邊君が病床に臥す前日の日記に「自分の働きのあらはれなかつたのは人格の拙劣を意味するのだ」とありきと。何たる悲痛の言ぞや。ああ実に渡邊君はゆけり。美しき魂の人なりしよ。

二月四日（水）　……それより千駄ヶ谷教会の信者にして流行性感冒の為に死せる斎藤氏を訪ふ。なかなか真剣なる人なり。自己の進むべき道を勇敢に進まれし如し。

流行性感冒によって親友を喪い、同じく急逝した若い女性の葬儀を引き受けているにもかかわらず、高倉は「流行性感冒」そのものに全く関心を寄せていないのです。歴史人口学者・速水融がスペイン風邪のパンデミックによって「地獄の三週間」とし、「この時期に東京に住んでいた者は、文字通り生きた心地はしなかったであろう」と指摘している一九二〇年一月から二月のこの時期、高倉の日記には流行性感冒、あるいはスペイン風邪そのものについての記述が少しもないのです。そしてそれは、独り高倉だけではなく、当時の多くの牧師や神学者たちに共通するものと言えます。

そこでは、スペイン風邪は病気の一つ、たちの悪い流行病としか認識されていなかったのです。もちろんその背景には、感染症に関する無知があるでしょう。医学的な知識の不足があったでしょう。しかしそれだけでは済まないものを感じざるを得ません。と同時に、今回改めて高倉のこの時期の日記を読み返して、第一次世界大戦についての記述が一つもないことに気付かされました。その真剣で内省的な詳細な日記の記述の中に、スペイン風邪や第一次世界大戦についての記述がどこにもないところに、ある問題を感じざるを得ませんでした。

高倉徳太郎は、その師である植村正久たち、明治期第一世代のキリスト者たちの信仰理解を「practical piety」として鋭く批判しています。自我の追求から、徹底した十字架による贖罪信仰へと至った高倉は、社会に有用なキリスト教とか、役に立つ信仰ではなく、福音の本質として罪の赦しと恩寵をこそ強調したのでした。そこでは、言わばこの世の問題や社会の現実は後景に退き、罪とその赦しの信仰理解をこそ高調する信仰理解と言えます。高倉は、そのような激しい信仰理解に立って、日本基督教会を、さらに東京神学社を改革しようと志したのでした。その途上で病魔に倒れ、非命の死を遂げなければなりませんでした。しかし清新で真実な信仰理解や、借り物ではない独自の神学的探求が高く評価されてきました。しかし、その高倉にして、一九一八―一九二〇年の時期、この国を襲ったスペイン風邪の問題は、そして第一次世界大戦の問題は、神学的な問い、信仰的な課題にはならなかったと言えます。それは独り高倉徳太郎だけの問題ではなく、当時のキリスト教界全体の問題と言えるのではないでしょうか。

以上、何人かの先人の「日記」に見えるスペイン風邪についての記述を紹介しました。それ以外の当時の指導的な牧師や神学者の説教やその他の言説も出来る限り追ってみましたが、スペイン風邪についての言及はほとんど見出せませんでした。内村鑑三や柏木義円などの例外を除いて、当時のキリスト者のスペイン風邪についての無関心に改めて胸を突かれる思いです。そこにこの国のキリスト教理解、信仰理解の問題が凝縮されているとも考えさせられたのです。

因みに、この国のほとんどの各教派に社会委員会が設立されるのは、一九二三年の関東大震災の救援活動を経験してからのことでした。それ以前は、そしてそれ以降も、戦争や災害、さらに疫病などは、教会の外の出来事として等閑視されていたとも言えます。このあたりに日本の教会の課題が見え隠れするのではないでしょうか。

各教派の機関紙等に見るスペイン風邪の記録

発行日時	出典	見出し	教会・団体	記事	備考
第1波					
一九一八年10月20日	台湾基督教報	教勢欄	台北日本基督教会	流行病盛んなる為め一般の出席者少きは遺憾なり教勢と各員健康の回復を切に祈る	
一九一八年10月24日	聖潔之友	巻頭 病る兄弟姉妹に告ぐ		病気は神の恵を味ふ機会となるけれども病気そのものは決して恵ではない。其病気から癒されてこそ神の恵が他の人にも表はるゝ。予は多年の実験から兄弟姉妹に勧む、主の甦の霊を受よと。「如此いひしのち気を嘘て彼等に曰けるは聖霊を受よ」（約二十〇二二）このいきを有形的に口を開きて吸込むべし。必ず壮健になる。	六二九・一流行性感冒を指しているかは不明
一九一八年10月25日	聲五一六号	社友消息	カトリック教会	社友杉山万平氏（東京）は去月廿五日流行性感冒の結果余病を発して不幸にも永眠せられ同廿七日築地天主堂に於て其の葬儀を行はれた	
一九一八年10月27日	聲五一七号	教会彙集	カトリック教会	当日は最近欧州の戦場より帰朝せられたる霊父ルモアヌ師の「戦争と神の摂理」と題する講演が有る筈であったが、師は俄然流行の西班牙感冒に罹り、出席不可能なる旨電報せられたる	
一九一八年10月31日	基督教世界	九條組合教会	九条組合教会	当日の日曜日学校は六十名位の出席出徒があった。近来は病気の流行するため教師や生徒に欠席者多くて稍不振の状態にある。	
一九一八年10月31日	基督教世界	教界	京都教会	藤谷光之助の追悼祈祷会、アメリカのニューヨーク市で肺炎で永眠	肺炎はスペイン風邪の可能性
一九一八年11月	台北組合基督教会二十年史		台北組合教会	宮川経輝・澤村重雄牧師の台北訪問が流行性感冒のため中止	

一九一八年11月	天満教会百年史		天満組合教会	日曜学校長松崎健三夫妻、杉野銀治郎の娘友子など、流行性感冒により永眠	
一九一八年11月5日	聖潔之友	消息		山崎兄や三井兄は流行の感冒に強く罹られしが快方に赴かる	六三一・八
一九一八年11月7日	基督教世界	教界（各地）	平取準教会（聖公会、北海道）	近時流行性感冒のため幼稚科生亦欠席多し	
一九一八年11月7日	基督教世界	教界（各地）	高松日本基督教会	因に目下当地方にては流行性感冒猖獗を極め、各教会共集会に少なからざる影響を受けつつあり。	
一九一八年11月12日	聖潔之友	雑録　何でも世界的		今度の欧州戦争は世界的であった。それに依って生じたる経済的変動も世界的であった。又此秋に流行した感冒も世界的であった。今日は何でも世界的にやるべき時である。宗教とても同じ事である。	六三三・八
一九一八年11月12日	聖潔之友	消息	大阪	大阪に居らる、小野田喜十郎兄は流行の感冒に侵され、大に衰弱せられしよし。御加祷を乞ふ……	六三二・八
一九一八年11月12日	聖潔之友	消息		同労者および同信の人々のうち病者続出し居れり今は力を尽して祈るべき時なり	六三二・八　直接の言及ではないがおそらく流行性感冒
一九一八年11月14日	福音新報	教勢	高松日本基督教会	目下当市は流行性感冒猖獗を極め、会員中にも此に侵される者少なからず。自然教勢にも影響を蒙りつつあり……	
一九一八年11月14日	基督教世界	流行性感冒		流行性感冒の世界的横行は実に、人類の心胆を寒からしむるものがある。（中略）我が国民が古のパロ王に率ひられたるエヂプト国民の如くに頑ならざることを希ふものである。	
一九一八年11月14日	基督教世界	教界	中国前進伝道（第二信）	流行性感冒のため自動車不通なり、即人力車にて一里半の距離の町で伝道	風邪が伝道の支障にならない

一九一八年11月14日	基督教世界	大阪	大阪教会	早稲田大学教授内ケ崎作三郎の講演会、風邪の流行する折柄とて当日の聴衆は僅かに卅餘名であった。	
一九一八年11月14日	基督教世界	〃	自由メソヂスト教会	一一月一〇日の日曜朝の礼拝には「疫病と聖旨」と題して渡邊牧師は詩編第九一編を引用して時節柄実に適切に……此日は流行性感冒の影響のためか、出席者一六〇餘名であった。	
一九一八年11月14日	基督教世界	〃	聖救主教会	受持の教師は何れも風邪に犯されて欠席、横田牧師が代つて生徒一同に教話をされた。……殊に近頃は流行性感冒の為に一層寂しくなり朝の礼拝は一五乃至二〇名……	
一九一八年11月14日	基督教世界	京都	同志社教会	会衆は昨今風邪の為減少したるも約一〇〇名程あった。」……「六日安倍牧師を中心とした宗教部は東寮西寮の大学寮生の応援を得て同志社関係の諸教師等約一五〇名市内を六区に分ち流行性感冒の有無を訪ひ、患者諸教師には再び花を携へて病床を見舞ふに	
一九一八年11月14日	基督教世界	〃	今出川教会	一〇日野外礼拝を上加茂に於て催す筈なりしも風邪の為、参集者を得ず	
一九一八年11月14日	基督教世界	各地	丸亀日本基督教会	一〇月三一日の祝日に新会堂の献堂式を挙行。「来賓約一五〇名の予定だったが、関係者の大部分流行性感冒に犯されし為、僅かに四五名の出席者に過ぎ」ず	
一九一八年11月15日	護教	教報欄	東海道	…小山に於ても流行感冒のため二三割出席者を減じたるが、此の地（沼津）に於ても同様に同席者の故障となり、殊に二日夕は暴風雨の兆さへ現はれて一層集会に不便なる夕なりしも、而も三回の集会を通して約百名の出席者を獲たり。刻下何処も流行感冒の蔓延せる折柄、当地方の信者間にも少なからざる患者もありて或は右集会を延期となさねばならぬか、講師の方にも故障は起こらざるかなど多少懸念されしも、幸に予定の順序に従ひ、五日間無事に実行することを得て只管ら感謝の至り堪へざる次第なり。（通信員）	
一九一八年11月20日	台湾基督教報	個人消息欄	台北日本基督教会	濱谷夫人　流行性感冒に犯され、続いて余病併発せられ台北病院に入院中の所此七日退院せられたり	

一九一八年11月21日	福音新報	教勢	河合亀輔	同氏の令息健氏急病にて去る十七日死去せられたるが、十八日の夜令嬢榮氏も死去せられし由	河合亀輔は台北基督教会の創立牧師
一九一八年11月21日	基督教世界	教界・大阪	大阪教会	一一月一七日の礼拝、聖餐式と洗礼式、「当日は流行性感冒尚猖獗を極めつゝ……会員内支障ある者少なからずしても、三二〇名の会衆あり。」	
一九一八年11月21日	基督教世界	〃	浪華教会	「悪性感冒流行のため、組かい婦人会等は近来殊に不振の状態にある」	
一九一八年11月21日	基督教世界	神戸	神戸教会	「流行性感冒は頗る猛威を振ひ諸教会員其家族の犯さるゝ者頻々既に葬式を出す事五回多忙を極めたりしが幸いに感冒も下火となりつゝ」	
一九一八年11月21日	基督教世界	各地	下関日本基督教会	目下スパニッシュインフルエンザ流行の為、各集会共に少なからぬ影響を蒙つて居る。	
一九一八年11月21日	基督教世界	個人消息	木村清松氏	岡山教会の伝道集会の最終日に流行性感冒に罹り、休養のため帰宅	
一九一八年11月22日	るうてる	教勢報告	下関ルーテル教会	三浦牧師は廿日夜より年會の為め佐賀に赴かれしが流行性感冒にかかり久留米にて療養、三十一日夜帰宅せらる。牧師令妹も廿七日夜より同病の冒すところとなり、目下尚ほ病蓐に在り、恢復の速やかならんことを祈る ＊「年會」は同じ号に報告されている一〇月二三日から二五日まで佐賀で開催された日本福音ルーテル教会の年次総会であるが、日本人教職、関係者、宣教師など全国から三二人が集まって開催されている。	
一九一八年11月22日	るうてる	教勢報告	門司ルーテル教会	夏以来、米騒動につぎ、軍隊送迎、諸学校運動會、及び感冒等のため、日曜学校の出席数大に減じ二十名にまで下りしが、こは一時的故障なれば本月は追々出席者も増す可しと思はる	
一九一八年11月22日	るうてる	個人消息	久留米ルーテル教会	昨今の流行性感冒のため会員中にも病床にある兄姉数名あり	

一九一八年11月22日	るうてる	編集小言		流行の西班牙風は到る處に暴威を逞ふして居る。年會でもトラクソン、伊藤、三浦諸氏が之に冒され、何れも四十度内外の高熱で苦しまれた。それ程でない人も大抵は冒されて居る。喉を使はねばならぬ牧師にとって感冒は大敵である。一日も早く流行の終熄に近づかんことを祈らざるを得ない	
一九一八年11月28日	福音新報	教勢	大阪島之内教会	流行性感冒の為め会員中に罹病者多く、自然一時は諸集会とも出席者を減ずる一方なりしが、昨今病勢漸く衰ふるに連れ、漸次に出席も増加しつつあり	
一九一八年11月28日	福音新報	教勢	八戸洗礼教会	去る十月二十八、二十九日、拡張伝道を挙行せり……聴衆両夜ともに比較的少数なりき。流行性感冒猖獗せることに原因せり。	
一九一八年11月28日	福音新報	教勢	小石川基督教会	去る二日より四日迄、三日間秋季大演説会を開催……当夜猶ほ河合堯三氏の説教はある筈なりしも感冒に罹られ応援せられざりき。	
一九一八年11月28日	基督教世界	教界・前進伝道通信	岸和田教会前進伝道	一一月二四日日野眞澄を迎え講演会「悪疫流行の際とて」聴衆が四〇を超えず	
一九一八年11月28日	基督教世界	東京	本所同胞教会	一一月一七、一八日特別説教会、流行性感冒のため、来会者二〇名位。	
一九一八年11月28日	基督教世界	大阪	島之内教会	流行性感冒の為め、会員及びその家族の中で罹病者多くて、出席者が減少してから追々出席者増加	
一九一八年11月28日	基督教世界	〃	天満教会	感冒のため、出席者が減っていたが活気が戻された。……本年は非常に葬式多く、大切な信者を多く失ったが、残されたものの信仰を増し、教勢は伸びる。	
一九一八年11月28日	基督教世界	〃	浪花浸礼教会	悪性感冒流行の為、浸礼式後特別集会を催さないことに。……日本浸礼教会女子神学校創立一〇年記念会を横側四十八と賀川豊彦を迎え開催したが、感冒流行のためうまく行かず。	
一九一八年11月28日	基督教世界	京都	平安教会	風邪のために、三週間日曜学校は休校。	
一九一八年11月28日	基督教世界	〃	京都教会	会員中風邪等のため、昨今永眠者数名を出す、西村老姉の葬式	

一九一八年11月28日	基督教世界	〃	平壌日美教会	流行性感冒の為め、日曜学校は多少影響を受けるが、大人集会は変わらない。	
一九一八年11月28日	基督教世界	各地	山田日本基督教会	牧師の持病と流行性感冒に犯された会員、その他の事情により教勢振るわず、日曜学校生徒も流行性感冒のため減少。	
一九一八年11月28日	基督教世界	〃	新発田組合教会	日曜学校は流行性感冒のため、出席者少ない。	
一九一八年11月28日	基督教世界	〃	宇和島日本メソヂスト教会	本月上旬より悪性感冒流行し、そのため諸集会の列席者少ない。	
一九一八年11月28日	基督教世界	〃	岡山教会	木村清松牧師を迎えた前進伝道集会で、感冒流行を心配したが、三六五名出席	
一九一八年11月28日	基督教世界	〃	小倉バプテスト教会	一一月一～三日の特別集会を開いたが、市全体が流行性感冒のため、出席者二〇、二五、四〇名と少ない。	
一九一八年11月28日	聖潔之友	関ヶ原修養会報	関ヶ原	折角催された該集会は流行病のため非常の打撃を受け集る者極めて僅少であつた。しかし藤井兄と本紙記者は家庭的の集会をなして各自大に恵まれた。殊に藤井兄の雅歌の講義は霊味津々たるものであった。実に多の人々に聴かせたかった	六三四-四・
一九一八年11月28日	聖潔之友	基督再臨研究東京大会	東京	祈を以て待望んだ大会は予定の如く去八日より九日まで青年会館に開かれた。此度の流行性感冒が諸処にて其猛威を奮ふて居るため来会者如何と一方ならず心配した。しかし主を慕ふ兄姉等が諸処より参集した。毎会五六百名の人々集つた。八日と九日の午後の集会を西洋人の為と思ひて英語の集会としたが西洋人は種々の障礙があつて集る者僅少であつた。しかし其が反つて邦人の為の集会となり、いつも多数の人々が集まつた。証をなされた人々は随分多かつた。京都の青木庄三、松岡歸之両兄、大阪の藤本壽作、林寛次郎両兄、群馬富岡の住谷天来兄、下谷神愛教会の後藤粂吉兄、横浜の宇津木勢八兄などは其重なる人々であつた。主な弁士としては内村兄をはじめとして藤井武兄、下出慶一兄、オルトマンス、バンカム、コルテスの諸兄であつた。殊にコルテス兄は態々下関から来られた。記者は司会の役に当つた。	六三四-七

一九一八年11月28日	聖潔之友	旅行記	下関	美作の冷めたい霜を踏で岡山に帰つたのは十一月一日の夕方であつた。青木兄を始め妻も三人の娘等も一斉に流行感冒に倒れて居つた、併し私は恩恵に依つて感冒の御見舞を免れ予定せられた通り四日の午後九時四分の列車に乗じて先ず下関に向つた。列車内でもコンコン咳をしたり鉢巻をして呻吟する流感患者を多数に見受け何となく薄気味悪く感じつ、五日の午前八時五十分に下関に着いた。（中略）時恰も悪性感冒が下関全市に猛威を振ひつ、あつたので聴衆を集むるのには実に容易でなかつた其上に天候が悪しく毎夜雨が降つた。（中略）兼兄姉と其二児も悪性感冒で倒されたのでまだ夫人や子供さんはコンコンの最中であつた。信者求道者の中でも大多数は病褥に呻吟して居つて今度の集会に出席が不可能との事である中にはバプテスマの志願者数名あるも出席六ケ敷との事残念千万である。	六三四・八・丹羽の伝道旅行記
一九一八年11月28日	聖潔之友	消息	熊本	主筆は熊本に於る天幕伝道に赴く積りなりしが彼地の感冒甚しきため集会中止となり無期延期となれり	六三四・八
一九一八年11月28日	聖潔之友	消息		内村兄の千葉同盟会に於る講演は非常の盛会にして五百余名の聴衆ありし由。同兄の青年会館に於る毎日曜日午後二時よりの聖書講演は不相変盛会なり	六三四・八
一九一八年12月	北陸女学校一九一八年年次報告		北陸女学校	秋学期に教師も生徒もインフルエンザに罹り、数日から数週間欠席するものが続出した。この病気で女学生一名が死亡、五名は中退した。卒業京都旅行も中止となり、学校は三日間完全閉鎖され、再開後も欠席者が多く不規則な課業しか行えなかった。	アイダ・ルーサー『一九一八年次報告』
一九一八年12月	梅光女学院史		下関梅光女学院	一〇月三日以来、在籍生徒数一八五名中実に一二六名が感染。一二三名は完治したものの一名が亡くなり、残り二名は療養中……初発以来臨時休業総日数は八日間。なお、教員感染者四名は全員完治した。	『梅光女学院史』（一九三四年）
一九一八年12月	ランバス記念伝道女学校			一九一八年冬に「インフルエンザが寮内に大流行し、最終学期の授業が出来なくなる」	『Thy Will be Done』

一九一八年12月	光明二一一号	室蘭便り	カトリック教会	一昨年の十二月室蘭より巡回旅行をして平取（引用者注：アイヌ集落）に赴きたる際、其少し以前に彼女（引用者注：イモンツレンというアイヌ婦人）の女も婿も死亡し、一人の女孫はインフルエンザに罹り臥床し居り候が、授洗の恵に浴し其より二日後司祭の室蘭に帰りし日、彼女も美しき永遠の故郷なる天国へ旅立ち候。	
一九一八年12月	ＪＫＵ年報第一三号（一九一九）	Report of Kindergartens American Episcopal	京都・桜井育成幼稚園	櫻井の小さな町は冬の初めにインフルエンザの惨劇に見舞われ、園長はしばらくの間かなり病気が続きましたが、幼稚園は何日も休園されることはありませんでした。また、夏休みまで、多くの園児の出席を保つことができ、六年前に幼稚園が始まって以来、四月に初めて開始した「同窓会」が盛んに行われました。	(Marietta Ambler)
一九一八年12月	ＪＫＵ年報第一三号（一九一九）	Report of Kindergartens American Episcopal	仙台・青葉女院保姆養成科（幼稚園部門）	昨年（一九一八年）は、多くの危機的な困難な経験があったにもかかわらず、私たちにとって幸せで繁栄した年でした。昨年（一九一八年）秋には、私たちと他の多くの人々が「インフルエンザ」に襲われ、春には、私たちの生徒の家族が仙台の火事の危険にさらされました。	(Ethel H. Correll)
一九一八年12月	『指路』		日本基督横濱指路教会	宇都宮作治長男忠成、六日に逝去	
一九一八年12月5日	福音新報	教勢	大阪自由メソヂスト教会	……教会会友中八十余名の病人あり。其が為諸集会とも多少の影響を受け、減少気味あり。	フリーメソ
一九一八年12月5日	福音新報	教勢	堺日本基督教会	去る十五日より十七日迄三日間東京より外村義郎氏を聘して特別伝道を催せり。当日は悪性感冒に罹り居る会員少なからざるにも拘らず……	
一九一八年12月5日	福音新報	教勢	東京聖パトリック教会	先般悪性感冒流行せしため会員の此に罹る者多く、随つて集会も差支えを生じ、八月会の如きも予定通り開会するを得ざりし由なるが、最近に到り漸く病も下火となり諸方面に此を開きつつあり。	聖公会
一九一八年12月5日	福音新報	教勢	本所同胞教会	去る十七、十八両日午後七時特別説教会を開く。……流行性感冒猖獗せるため来会者少なく、両夜ともに三十余名、求道者七名。	同胞教会

一九一八年12月5日	基督教世界	教界・前進伝道通信	今治教会前進伝道	小崎弘道を迎え伝道集会、悪性感冒流行のため集会人員比較的に少数、木村牧師は感冒に罹り、出席できず。	
一九一八年12月5日	基督教世界	〃	都城教会前進伝道	流行性感冒を恐れ、集会に町民は出席せず、教会員だけ出席。感冒の影響で、人々は外出を自粛し、伝道集会は思う通りに行わず。	
一九一八年12月5日	基督教世界	〃	西九州部会巡回記	悪性感冒流行の為、諸集会に少なくない影響を蒙る。	
一九一八年12月5日	基督教世界	大阪	日本基督東教会	日高計次郎・賀川豊彦などを招き特別集会、悪性感冒流行の恐れにもかかわらず、聴衆がかなり多く来集。	
一九一八年12月5日	基督教世界	各地	淡路自由メソヂスト教会	日曜学校の教師及び生徒が感冒にかかり、一時期休校したが再開する	
一九一八年12月5日	基督教世界	〃	京城教会	一〇月に入って、悪性感冒多数の会員宅を襲い、組かい、婦人会、共励会などの諸集会が少なくない影響を蒙る。	
一九一八年12月5日	基督教世界	〃	広島組合教会	流行感冒の被害が最も大きかった教会の一つ。会員の多くが罹り、榎本牧師家族全員が相次いで罹り、夫人と令嬢は危険なところまで。前進伝道も延期して開催。	
一九一八年12月6日	護教	教報欄	近畿	近畿部内秋季婦人修養大会　同会は予定の如く十一月二十二日御影教会に開催せらる。悪疫流行の際加ふるに朝来の雨天なりしにも不拘、恵の雨を慕ふて集まりたる者六十名にして恵まれたる集会なりき。	
一九一八年12月6日	護教	教報欄	九州　鹿児島三平メソヂスト教会	三つの若き魂の召された事を御報告しなければなりませぬ。岩切盛秀さん（十九歳）流行性感冒にかかられたるのが元で遂に十一月一日昇天せられました。…山本孝子さん（満四歳）七月半から脳膜炎の為に百有余日或は病院に或は御自宅に、あらゆる手を盡した御両親の看護を受けておられましたが、遂に十一月二日御永眠。村田美之さん（二十四歳　同志社大学経済学部学生）本年四月京都にて腸チフスに罹りしが…漸く床を払はれて…神戸の祖母の下に在りしが…「病気重し御出を乞ふ」の飛電来たりしが更に「肺炎の模様あり」の電報到着…十一月六日午前八時治療遂に効なく幽魂空しく神の御下に召され玉ひぬ。	

一九一八年12月12日	基督教世界	教界・前進伝道通信	九州前進伝道	流行性感冒に罹ってから治った木村清松の九州伝道記。	
一九一八年12月12日	基督教世界	大阪	休戦祝賀大演説会	…且つ流行性感冒も既に終息を告げた事とて聴衆続々来会し、定刻に及ぶ頃にはさしもに広き堂内のベンチも殆ど空席なき…	
一九一八年12月12日	聖潔之友	大島と山形へ	山形	この村山修養会はあまり不用意の間に成つたもので且つ折しも流行感冒のために集る者が少なかつた	六三六・七．安倍千太郎の伝道旅行記、安倍はハンセン病者
一九一八年12月13日	護教	彙報欄	平岩宜保監督よりの来翰	…是より更に加奈陀諸教会巡回可致筈なりしも、目下インフルエンザの流行非常にて、死亡者沢山なれば米国加奈陀中何れも学校、劇場、活動写真場、教会皆閉鎖致され候故に何処も集会取消と相成候…	
一九一八年12月13日	護教	個人消息	平山治久	平山治久氏　ニューヨルクにてインフルエンザに罹りドル神学校近傍の病院に入られたる由　平岩監督の書状に見ゆ	
一九一八年12月15日	るうてる	教勢報告	博多ルーテル教会	新築南博幼稚園の落成式は流行性感冒のため延期せられしが十一月三十日午後二時より擧行せり。松井縣視學を始め関係各學校長、各地ルーテル教會及び其他来賓百餘名。値賀牧師式を司り。態態熊本より来會せられたる九州學院長遠山參良師の講演在り、園長の挨拶ありて盛會裡に夕暮閉会したり。同園将来の発達を祈る」＊この落成式は前号では「種々の事情にて延引せし、南博幼稚園落成式は、愈十一月十六日午前十時執行の豫定なり」と伝えられているので、再度延期されて後の挙行と言うことであろう。博多教会の個人消息「教會員中流行性感冒に犯さるる者多かりしも幸に凡て全快せられたり、平井神學生は神學校休校中歸福中なりしが十七日歸校せらる	
一九一八年12月15日	るうてる	教勢報告	門司ルーテル教会	流行感冒、凱旋部隊の迎送、終戦祝賀会等のために人心落ち附かず、伝道上にも影響する所少なからざりしが一二月に入らば順調に復すべしと思はる……釘本姉は良人が十ヶ月間八幡市に出張せらるゝ事となりたれば、夫君と共に十月末同市に轉居せられしが両氏とも旅中罹られ枝光北本町三丁目古新旅館にて療養、今尚ほ同旅館に假寓せらる	

一九一八年12月15日	るうてる	教勢報告	日田ルーテル教会	悪性流行感冒のため神學校は休校となり十一月一日神學生富永俊二氏歸宅せられ傳道を助けられしが十一日再び出熊せられたり。……會員盛田ハル姉は感冒の為め臥床せられしが十日遂に永眠せらる	
一九一八年12月15日	るーてる	教勢報告	下関ルーテル教会	豫て婚約中なりし會員小山厚氏と三浦みち子姉とは、今般三浦姉が感冒にて一時危篤の状態に及びしに拘はらず九死に一生を得て已に健全に復せられしを期とし、去る廿三日夜、小山氏自宅に於て、媒酌人岡原高蔵氏夫妻、共に双方近親者及び親友など列席の上、門司教會牧師松本學明氏の司式にて目出度く結婚式を擧げられたり	
一九一八年12月15日	るうてる	教勢報告	久留米ルーテル教会	献堂祝賀傳道十一月九日夜は遠山參良氏十日夜はスタイルワルト、青山彦太郎両氏、十一日夜は道満謹吾、値賀虎之助両氏、十二日はネルソン氏の顔觸にて傳道大演説會を催せしが、悪性感冒の流行絶頂の時期に加ふるに寒気甚だしく豫期の盛會を見るを得ざりしも尚毎夜九十を下らざる聴衆を得、新に志道するものを與へられたるは感謝すべし……南守雄氏夫人ミツエ姉は感冒のため十一月十五日永眠せらる。……當地基督教の先輩たる前市會議員弁護士佐々木高氏の感冒のために十一月十三日永眠せられたれば十七日午後三時当教會に於て相良牧師の司會にて盛なる葬儀執行せられたり。會葬者二百五十名に及ぶ	
一九一八年12月15日	るうてる	教勢報告	佐賀るルーテル教会	「十月下旬以降流行性感冒のため牧師一家を始め會員及び求道者中臥床するもの頻々、諸集會は半減せしも漸次恢復しつゝあり」個人消息「執事伊東謙一氏は十一月廿三日、馬場鶴代姉は東部に於て何れも流行性感冒のため天招を受けらるる」	
一九一八年12月15日	るうてる	教勢報告	熊本ルーテル教会	十一月七日より十四日迄監獄署跡にて天幕傳道を行う筈なりしも感冒の流行猖獗を極めたれば中止して、来春好時期に於いて開會することゝなれり	
一九一八年12月20日	護教	教報欄	東北	白河教会牧師たりし鈴木義一氏は去月二日米沢に開会せる仙台部会の出席の為出立せられ…米沢教会献堂式にて祈祷をなし、同夜より開会の演説会に『基督教の國利民福』と題し元気に講演せられしが、三日夕より流行性感冒にて客舎に臥床し、遂に肺炎を併発し一時快方に赴かれしも、漸次重体となり、次男、長男駆けつけて看護に尽瘁せしも衰弱甚だしく二十一日午後八時半終に二令息及び三浦牧師看護の間に永眠せられたり。	

一九一八年12月21日	天上之友二巻		浪花組合教会	浪花教会伝道師谷喜楽、就任後、流行性感冒のため永眠	『浪花教会百年史』年表にも記述
一九一九年1月	公教会月報一〇八号	大阪司教閣下の帰朝	カトリック教会	大阪司教カスタニエ氏は、一九一八年大正七年十一月廿六日、フランスより旅途に就き、米国を経て二か月余にして、一九一九年大正八年一月廿七日神戸に着せられた。其乗船せられた天洋丸の、始めてと云ふ難航海であったと云へば、余程激しき暴風なりしならん。サンフランシスコより、日本まで、便乗船客の中、百五十人、流行感冒に罹り、十人死亡せる者ありと云へど、閣下は幸にして、恙なかった。	
一九一九年1月1日	基督教世界	教界	前進伝道通信	木村清松の九州伝道「新時代と基督教」というテーマの説教	当時の時代認識と基督教
一九一九年1月2日	聖潔之友	溢る、感謝	松江	今度私は幸か不幸か世界的の流行性感冒に犯されて暫く床の中に横はる身となつた。何故私はかく苦しむのかと一時は実に堪ら無く思はれた事もあつた。しかし癒された今日ではこれが此上も無い祝福であつた事が胸にひし□と迫るを覚ゆる。	六三九 - 六．荒木晨一
一九一九年1月8日	基督教世界	headline	新年の感懐	新時代において教会がデモクラシーを主導しないといけない。新しい人物を発見し、その地位を譲らないと。全会衆が主人公でありサービスをすること。	
一九一九年1月8日	基督教世界	教界	中島力造の葬儀	番町教会の会員だった文学博士中島力造も流行性感冒で一二月二一日に死去	
一九一九年1月8日	基督教世界	教界	広島教会	クリスマスの礼拝の会衆が少ないのは、まだ感冒その他の影響が残こり。	
一九一九年1月9日	福音新報	教勢	神田聖公会	流行性感冒や戦時の影響を蒙りしものか、当教会諸集会ともに来会者昨年に比して一割位の減少を示せり。	聖公会
一九一九年1月16日	基督教世界	headline	新時局伝道宣言書	戦後新しい時代に合わせて伝道に邁進	
一九一九年1月16日	基督教世界	各地	台北組合教会	クリスマス会の報告、前年度一一月の前進伝道が流行性感冒で中止になったのが残念	

一九一九年1月16日	基督教世界	各地	高梁教会	昨年末当町を苦しめた悪性感冒の流行も止み、欧州の大乱も休戦、教会の使命を果たすべき時期も迫ってきた。教会の元気を回復。	
一九一九年1月17日	護教	教報欄	京都中央教会	京都中央教会太田義三郎牧師の永眠　昨年の秋頃より健康兎角勝れず、会友勝俣國手の手厚き治療を受けつつ絶対安静を命ぜられ居りし当時、恰も悪性感冒流行の折とて会友中に冒さるる者続出し、二三会友の死をさへ見るに到りたるより、氏は病苦を強して之が訪問慰藉或は司式に勤めたる為め、病勢厚重し十二月初旬よりは全く壇上に立つを得ざるに到り、二十六日夜半より俄かに険悪となり、翌二十七日午後折よく見舞はれたる釘宮部長家人一統に囲遶せられつつ最も平安に信仰的死を遂げられたり。	
一九一九年1月23日	基督教世界	各地	土佐教会通信	前年の一〇月下旬から一一月下旬まで、悪性感冒の猖獗のため、諸集会・日曜学校が大打撃を受けた。家ごとに患者が続出、大脇幾司の夫人が感冒で死去。	
一九一九年1月30日	聖潔之友	新年の聖戦		加之に自分は流行性感冒に罹り珍らしく臥蓐することになつた。大阪の大会を前に控へて寝て居たのはつらかつた。遂に十五日になり内村先生に御伴が出来ないかも知れぬと我ながら情なく思ふ手紙を出した。翌日昼頃先生態々来訪せられ元気をつけて下すつたので離辱し兎に角にも夜行で出発する事にした。先生の懇篤なる御勧めにより従来の三等主義を一寸犠牲にして二等の寝台車に乗ることにした。午後七時半の汽車にて藤井平出の両兄を合せて四人一所に行く積であつたところが何かの間違で寝台車は七時発のであつたため単独で出立する事にした。生れ落てはじめて東海道線の寝台車に乗て見た。悪くない殊に病気上りの身にとりては。しかし何だか勿体ないやうな気がしてならなかつた。同伴者なしと思ふて居たところが、豈に計らんや前に座して居る人は安倍磯雄氏と女子大学の麻生氏ではないか。久し振の対面なので愉快であつた。同氏等は同志社のゴタ□で京都まで行くのであつた。	六四三・八・基督再臨問題関西大会の報告記事
一九一九年1月30日	基督教世界	故谷喜楽君を憶ふ	木村清松	同志社大学神学部を卒業してから浪花教会の伝道士だった谷喜楽を死を偲ぶ	
一九一九年2月1日	柏木義円日記	二月一日日記	柏木義円	西班牙ノ一角ニ発シタ西班牙感冒ハ全世界ニ我国デモ患者一千万、死者数万、開戦ノ報デシャムノ毛二倍昂リ休戦ノ電報デ日本ノ株式下落、地球ハ実ニ切近セリ	『柏木義円日記補遺』九六p

一九一九年2月6日	福音新報		河合亀輔	二児を失へる親の心得	長尾半平宛て書翰
一九一九年2月6日	福音新報	東西南北	感冒猖獗	都下に於ける流行性感冒益々激烈を極め、最近二週間に府下に千三百名の死亡者を見るに至り、新患者は日々増進しつつあり。	
一九一九年2月14日	内村全集	日記	内村鑑三	恐ろしいのは此流行性感冒である。去る一月十五日を以て終る十二週間に於て全世界に於て此病に斃れし者は凡そ六百万人であるとの事である。倫敦市に於てのみ一万人斃れ、其本元の西班牙に於てはバルセローナの一市に於て一日に一千二百人の死亡者を出せる時があつたと云ふ米国に於て五十万の死亡者あり、其内多数は出征軍人の内にありて、敵軍の銃丸に斃れし者よりも遙かに多数なりと云ふ、其他亜細亜、阿弗利加、欧羅巴、豪州、到る所此病に襲はれ惨憺の状を呈しつつある、是れ実に世界的疫病である、『民起こて民を攻め国は国を攻めて饑饉、疫病、地震有るならん』とありて世界的戦争に続いて世界的疫病が来たのである（馬太伝二十四の七）、而して此疫病に限って不思議なるは人々の之に就て多く注意を払はない事である。東京市中に於て今日でも毎日二三百人の死亡者ありと雖も其市民は死の其門前に立ちつつある事に気附かないのである、斯くて劇場は満場の盛況を呈し、政談演説会亦立錐の地なしとの事である、斯の如くに世界の審判は行はるるのである、悪魔は人をして神の審判に無頓着ならしむ、恐るべき哉。『幽暗には歩む疫病あり、日午には害なふ励しき疾あり、然ども汝恐るることもあらじ、千人は汝の左に仆れ、万人は汝の右に斃る、然どもその災害は汝に近づく事なからん』とある（詩九十一篇六、七節）、神を信じ彼の御用に従事して我等は安心して此疫病の地に働くことが出来る。	全集三三巻六〇P
一九一九年2月			神戸・日本基督神港教会	三宅幸平長老が、当時全世界的に流行し死者一五万人といわれたスペイン風邪という悪性インフルエンザのために、二月、突如として昇天された。	『神港教会八〇年史』四八P
一九一九年2月14日	護教	個人消息	平田平三氏	平田平三氏　流行感冒にて一時重態なりしも、昨今快方に赴かれたり。	

一九一九年2月14日	護教	教報欄	横濱教会	二月一日、看護婦蟹江京子氏（二十一歳）、流行性感冒により急性肺炎を併発して遂に天の召に入る。…過ぐる十二月二十二日に洗礼を受けさせ、病の床にありても苦痛を忘れ、讃美祈祷を口にたたせたまはざりしにて、蟹江嬢が前後に近藤氏が『主よ主よ早く来ませ、準備はなりぬ』の讃美に微笑されたるも、これがためなり…	
一九一九年2月15日	るうてる	教勢報告	大阪阿倍野ルーテル教会	昨年牧師着任以来、専念開墾に従事せらるゝ事漸く一個年。上半期の教状は稍順調なりしも夏季以来、牧師の家庭に病者を生じ、殊に愛孫二人を天に送らる内憂に、加ふるに、外部には物価高騰、食糧暴動、悪性感冒の流行等意外の出来事頻々として相継ぎ、一般人気不安の状態に陥り、随て宣教甚だ苦心を極めしが斯かる裡にも主の祐導の下に廿名の男女洗禮志願式を領し、禮拝も大抵十名を下らざる出席在り。クリスマスには訪問先又は日曜學校生徒の家々より饒なる金品の寄贈を受けて盛んに擧行するを得たるは不思議なる御恵と感謝せざるを得ず	
一九一九年2月15日	るうてる	教勢報告	門司ルーテル教会	松本牧師及夫人は六日より流行感冒に、幼児喜恵子嬢も鼻咽頭加答児に罹られ、夫人は全快せられしも牧師共に令嬢は尚ほ勝れざる状態にあり	
一九一九年2月18日	聖潔之友	感謝	八王子	第一回の流行感冒には小生だけにて家族は犯されざりしも、今回は家族一同やられました。一月二十三日より父と長男信一が病み廿四日には母も臥し、二十五日小生国分寺に出勤中聖治（次男）が急病危篤との電話に接しました。聖治は本年二月で満二歳になる強健の児で当朝自分の出勤の際など元気よく遊んで居りしこと故驚き汽車中ゆるし得ば主よ救ひ癒し給へ、なれど聖旨の儘になし給へと切なる祈りを捧げつ、帰宅し見れば激烈の苦しみ後つかれにて昏睡し居りました。軈て曩きに急を告げお出でを願ひおきし伊藤牧師が参られ御熱祷下されし処彼は目を見開き乳など欲しがるに至り一同安堵の胸を撫で感謝いたしました。同日、聖治を抱寝し居りし小妻も犯され熱高く又その夜伊藤牧師の御かへり後聖治が二三回強き痙攣にて苦しみしも其都度神はあはれみ救ひ下	六四六・五 八王子の信徒柳生光巽の体験記

				さいました。明けて廿六日は日曜日にて伊藤牧師並に数名の兄弟御たづね下され熱誠信仰もて能力あるお祈り下され「今夜は絶対に聖治が苦悶することなければ安心せられよ」と言ひのこし帰られしも果してその夜何等の苦しみなく平静安臥し得感泣いたしました。オ、伊藤牧師の今夜何等の苦しみなしと未信者の在る席上宣言せられし大胆なる確信よ？勿遮師は自らの感情を発表せられしに非ざるなり。祈り深き熱烈なる信仰を神は祝し聖霊の発表し給ひしなるを知る。それより日一日と快方に赴きつ、ありし処心ゆるみ祈りを怠りしと手当欠きし為め卅一日午後より聖治肺炎を起したるものか胸部熱甚だ高く咳出て一呼吸一呼吸困難となり見るも惨めなるに至り剰さへ小妻の熱四十度長男信一亦高熱のため精神異状し狂へることを叫ぶ、依て牧師並に兄姉に祈祷願ひし処直ちに答へられて熱低下し咳も静まり呼吸平易にせられ感謝す。されど執念深き敵の一進一退容易に去らず、祈りの手少しにてもゆるむや逆襲し来り苦戦にして敵を全く叩きつけるには能力ある祈禱のいよ□切要なるを以て敬愛する数名の教師に紙面にて祷告を依頼せり。爾来諸教師並に伊藤牧師諸兄姉の御熱祷により神の御手絶えず二児及家族の上に在りて快癒せられたり。ハレルヤ昨日も誰々今日も某々と流行感冒に斃る、もの多きうちにその悲しみを免れしのみならず、信仰の能力の如何に驚くべきかを又神の能力の大なる御はたらきを新らしく現実に拝しいよ□あつく且つ信仰もて祈るべきを教へられ日々の歩みについても一層潔きにつき、主を待望むにつき、証詞につき多くの方面に教へられ恵まれ励まされまた斯く病みし間も甚だ経済且つ平安に経過し得数へつきぬ恵みを與へられました。	
一九一九年2月20日	福音新報	彙報	今井寿通	今井壽道氏、流行性感冒に罹り、療養中なりしが、漸次軽快に赴かれし由	聖公会司祭今井寿通死去一九一九年九月三日
一九一九年2月20日	基督教世界	各地	鳥取教会	鳥取市の洪水と流行性感冒の被害で、信徒が苦しめられた。小学生一人だけ亡くなったことが幸い。	

一九一九年2月20日	基督教世界	各地	水口教会	藤谷光之助氏葬儀	
一九一九年2月27日	福音新報	かきあつめ	感冒の死亡率	我国に於ける西班牙風邪の死者は三府二十四県のみで、三ヶ月半に九百余萬人、死亡者数六万八千余人に達したと杉山衛生局長が十日議会で発表したそうである。又警視庁の調査に依れば、東京のみで百日間に五千人の生命を失つたと云ふ事である。此を戦争に於ける人命の損失に比較するに、僅かに三ヶ月余に我国の失つた七万人余の人命は、日露戦役に失つた十二万の半数以上に當り、日清戦役の壱万七千の四倍に相当して居る。又今時の世界大戦間の死亡者は二千万人、約我国総人口の三分の一に當つて居るが、世界風邪は三ヶ月間に世界中で六百万人、実に東京人口の約三倍を犠牲にして居る。若し此流行が戦争のように四年以上継続すれば、優に一億人の生命が地球の表面から奪ひ去る勘定になる。	
一九一九年3月2日		講演	内村鑑三	疫病亦然り、伝染病予防の方法は既に間然する所なきに似たるも流行性感冒は全世界を襲うて停止する所を知らず、欧州北米南米豪州印度南阿等皆害を蒙らざるはなく、本年一月十五日迄に之が為に斃れし者六百万を算へ、西班牙バルセロナ市の如きは一日の死者千二百人に上りし事あり、誠に恐るべき世界的疫病である、而して我等は眼前に其害を目撃しながら今日の医学を以て之を如何ともする事ができないのである。避け得べき戦争も之を避くるを得ず、脱れ得べき飢饉疫病も亦之を脱るる事ができない、然らば地震は如何、地球は未だ全く冷却したるに非ず、地表より七哩の下には今尚真紅の火なりといふ、……愛の神は何故に斯かる患難を降し給ふ乎、何故愛児を撫育するの態度に出で給はざる乎、こは人間の申分である、神は決して何等警告を加ふる事なく人の罪深きに至て不意に之を陥るるが如き無慈悲を行ひ給はない、幾度びか誡告に誡告を重ね忍耐に忍耐を加へて悔改を促し給ふ、然れども人の之を熟知して尚従はざるに当り神は何時迄も慈母の態度を続けて可ならんやである、愛の神は忍耐の絶ゆる時がある、其時即ち滅亡忽ち世に至るのである	「イエスの終末観　馬太伝二十四章の研究」（『聖書之研究』二二五号、一九一九年四月二〇日）内村全集二四巻五三九p
一九一九年3月6日	福音新報	教勢	東六番町日本基督教会	同教会牧師阿曾沼幸之助氏、昨年十一月悪性の感冒に罹り、急性肺炎に変じ、一時重態なりしも、……近来漸次良好に向はれつつありと。	

一九一九年3月14日	護教	個人消息	奥西善四郎	奥西善四郎氏、去る十日、感冒にて永眠せらる。	
一九一九年3月15日	るうてる	教勢	博多ルーテル教会	教勢一般に好況なり……エカード師は過般来流行性感冒に犯され、悩まれしも今は餘程輕快になれり、其他、會員中、感冒にかゝる者あり、すべての上に御恵を祈りつゝあり	
一九一九年3月20日	基督教世界	海外	ホルトン博士病む	同博士世界感冒の襲ふ處なりて	
一九一九年3月22日	『指路』		横濱指路教会	春期特別伝道の初期は、天候の不良に加へ流行性感冒激甚の際時は甚不利の様であつた	
一九一九年4月11日	護教	教報欄	徳山教会	徳山教会牧師奥西善四郎氏（三十四歳）、三月二日第一日曜日の頃より流行性感冒に罹られ、只管療養中の處、病勢俄かに革りて肺炎の冒す所となり、遂に、九日第二日曜日午前九時、溘焉として逝かれる。	
一九一九年4月11日	護教	教報欄	大牟田教会	大牟田教会牧師妹尾玄逸牧師（三十八歳）（戒能注、このケースはいったん腸チフスと診断されて、伝染病院に入院した後、容体が急変して死去している）	
一九一九年4月25日	護教	教報欄	長崎教会	前・長崎ウェスレー教会牧師服部節吉氏（三二歳）、去る三月広島に於て挙行せられたる西部年会より帰埼の途上、風邪の気味ありしが、一両日を経て発熱の度を増し、流行性感冒は遂に肺、心臓を冒して急性肺炎となり、四月九日夕に至りて愈々病篤く、十時の鳴ると共に眠るがごとく逝かれ……	
一九一九年5月22日	聖潔之友	証詞　神の試練		第一の病気は流行性感冒より盲腸炎を併発したのであつた。	六五九・八・本郷義雄
一九一九年5月29日	聖潔之友	光州便り	朝鮮・光州	主は吾が田中牧師着任早々其夫人の宿病を癒して主の御力を現実に見せ給ふてより癒さるゝもの打続きて起り現に或兄弟の如きは昨冬流行性感冒より急性肺炎を併発し危く生命を取り止めたるも為に右肺に故障を生じ医師より此四、五、両月は到底無事には越さるまじと宣言されし身なりしが確実なる癒の信仰に立ちてより身体めき□と強壮になり目下体重一貫五百匁の増加を示し（以下略）	六六〇・七

一九一九年6月26日	『指路』		横濱指路教会	六月二六日、福田甚二郎長女小百合子、急性肺炎にて逝去	
一九一九年7月17日	聖潔之友	実験　罪悪と病より救はる	品川	倅秀夫は二歳の微弱なる身体が去月世界風邪に冒され一時は非常の危険にて到底駄目かと心配し中にも老母の如きは枕辺に泣き伏して居りました。妻も医師を薬りをとウロタエました。然し私は活ける神を信じ一切神の御手に委ねてたゞ祈りの中に居りました。諸兄姉にも篤き祈祷を求めました。（中略）神様は『求めよ然らば與へん』との聖約束の通り拭ふが如く癒して下さいました。	六六七‐四・南品川浅間台原惣一
一九一九年8月17日	金井為一郎日記	日記	8月17日の項	信一郎の病気（急性肺炎）再び重くして呼吸困難なため顔色蒼白となってなやみ苦しむ。…燐家の立花という医師を招くと、すぐに出先から来てくれた。実に重体、危険、だめかも知れぬという。…教会員の医師長氏をすぐに迎えにやると急いで来てくれて、このままではならぬ、急性肺炎を起こしていて今夜が危いといって、この頃発表された治療法と言う四肢を強く摩擦して、全身に熱を加えて肺の熱を散じさせるよう、医者もともに徹夜して努める。	信一郎は数日後に恢復
第2波					
一九一九年11月15日	るうてる	教勢	門司ルーテル教会	パック教師は九月末より感冒の気味にて病臥せられしが一時は發熱四十度以上に昇り、チフスの疑もあり、甚だ案ぜらるゝ状態なりしも十月中旬に至りて全く解熱末頃には離床せられたり、十一月よりは従前の如く傳道に従事せらるゝを得ん	
一九一九年12月	パリ外国宣教会年次報告一九一九年	函館教区	カトリック教会	感冒がこの地方の至るところで猛威をふるった。それはトラピストの神父たちを大いに悩ませた。二人の神父は死亡した。しかし宣教会の共同体の中で、また我らのレジデンスでは、それほど悪い結果は生じなかった。	トラピスト修道院によると、「献身者」であったマウリチオ久保田熊平（二九歳）が死去との記録あり
一九一九年12月	頌栄保母伝習所		神戸・現・頌栄保育学院	一二月、寄宿舎で次々と学生たち高熱に苦しみ、アニー・ハウ宣教師を初め職員も流感で倒れた。一二月一八日から二月二日まで、保母伝習所も幼稚園も休校となり、クリスマス祝会も中止。翌年三月、一〇名の卒業生は「三名の友を中間で失った悲しみを胸に静かに巣立って行った。」	小林恵子『日本の幼児保育に尽くした宣教師』（下巻一〇六p）

一九一九年12月	JKU年報第一四号（一九二〇）	Report of Training Schools Congregational ABCFM	神戸・頌栄幼稚園・頌栄保姆伝習所	インフルエンザ：一二月が終わり、記憶に残る忘れられない今年の出来事は、インフルエンザのことで、とても明るい三人の先輩（伝習所の女学生）がそれぞれ一二月の五日の内に亡くなってしまうという、悲しみに包まれたことです。私たちは、クリスマスのお祝いの代わりに、私たちのプレイルームで三人の葬儀をしました。三〇年間ではじめて、新年に私たちの園は休園し、幼稚園は一二月一八日から二月二日まで閉鎖されました	(Annie L. Howe)
一九一九年12月	JKU年報第一四号（一九二〇）	Report of Kindergartens Churches of Christ Mission in Japan。	大阪・木津川幼稚園	昨年、大阪でインフルエンザが猛威を振るっている間、市の規程により幼稚園を二週間休園しました。子どもたちの家族の病気とインフルエンザにかかることの恐怖のために、私たちの園児の何人かは四月一日まで幼稚園を休みました。しかし、二一人の園児がこの幼稚園のコースをすばらしい成長で終えることができました。	(C. E. Robinson)
一九一九年12月	JKU年報第一四号（一九二〇）	Report of Kindergartens Congregational ABCFM.	京都・相愛幼稚園	インフルエンザ、校長先生の病気、そして私自身は京都からの休業を強制され、私たちの仕事は深刻な中断となった。しかし、これらのことにもかかわらず、私たちの二九人の子どもが卒業し、大規模な入学クラスを設けました。	(M. L. Gordon)
一九一九年12月	JKU年報第一四号（一九二〇）	Report of Kindergartens South Presbyterian。	神戸・二宮幼稚園	園児数は、年間を通して私たちの園の最大数をほぼ維持しています。しかし、ある朝、インフルエンザの惨劇の最中に、五七人の登録者のうち、一八人しかいないことがわかりました。そして、幼稚園が休園する前に、私たちは神に私たちの園児たちと彼らの家を恐ろしい病気から守るように祈ることを提案しました。ほぼ全員の教師がサークルになり短い祈りの言葉を交わして参加しました。その後、幼稚園が再開されたとき、私たちの小さな群れの誰もインフルエンザに苦しんでいなかったので、私たちの祈りが答えられたことがわかり、園全体の喜びが明らかになりました。	(Rachel P. Fulton.)
一九一九年12月27日	パリ外国宣教会年次報告一九二〇年		大阪教区	一九一九年一二月、我らは我らの最年少者シロル師が、伝染病スペイン風邪でわずか数日で奪い去られるという悲しみを経験した。この試練は、この宣教師が特に恵まれた人であっただけに一層辛く感じられた。それに若い人は、我らのうちに実に数少ない！	

一九二〇年 1月	『指路』		横濱指路教会	熊井□な子、昨年来薬餌に親しみ勝ちのところ、本年一月流感のため病勢革まり三月二三日逝去	
一九二〇年 1月1日	福音新報	教勢	安東日本基督教会	……然れど惜しむべきは竹本長老夫人の死去せられしことなり。同夫人は出産と流行性感冒の為に再び起つ能わざりき……	
一九二〇年 1月1日	福音新報	彙報	釧路日本基督教会	牧師渡邊重右衛門、年末より病気にて函館病院に入院中の處、遂に死去せらる。	
一九二〇年 1月8日	聖潔之友	通信 大嶋より	奄美大島	宮澤兄姉は気候の変化の為に困難を嘗められた。二人の御子さんは此地特有の麻疹のために長らく苦しめられ今度も二人共感冒の為に苦しめられた。	六九二-六
一九二〇年 1月8日	基督教世界	教界・東京		教会に於けるクリスマス祝会は昨年流行性感冒以来……（もう過去の話）	
一九二〇年 1月9日	公教家庭の友第二号	童貞の訃	カトリック教会	神戸市山手通聖家族幼稚園在職のヨハ子境すみの童貞、一月六日流行感冒に罹りて、八日肺炎となり、欣然として終油の秘跡を授かり、九日安然莞爾として帰天せり。齢二十八二カ月余なり。遺骸は十一日午後神戸天主堂にて大阪司教閣下の赦祷式にて葬儀を営まれ二霊父の先導にて夥多の童貞公教信者より夢野の墓地に送られ、此処にしてイエズス・キリストの再来を待てり。	
一九二〇年 1月11日	光明 第二四一号	通信	カトリック教会	早くより両親を失はれ、老母と倶に熱心敬虔の評高かりしエリサベット高岡花子氏（拾八歳）は、去月十一日流行性感冒の為め突然死去翌十二日広島村公教会に於て葬式執行さる。	
一九二〇年 1月12日	高倉徳太郎日記	日記	一月一二日の項	午前中神学社に行く平凡、植村師を訪ふ。福音新報の編集室にて渡邊重右衛門君の死を知り実に驚けり、何だか信じられず、同君は私の最も好きな人の一人、実に善良なりき、可哀さうでならぬ心持するなり。何とかして同情せざるべからず。夜は一晩を費して「渡邊君の思ひ出」を書けり。何とかして同君を人々の心に刻みたし。	『高倉徳太郎日記』八三p
一九二〇年 1月15日	福音新報		京城日本基督教会	……流行感冒のため諸集会とも出席者六、七〇名に過ぎざりき。クリスマス祝会もこれが為に一月末頃に延期することにせり。又昨年初め頃まで出席し鮮人は近来殆ど一人も出席せざる有様にて、これが為にも出席人数の減少を見たり。	三・一事件の余波

一九二〇年1月15日	基督教世界	京都	京都教会	一月一一日、市内組合教会聯合礼拝、流感流行の影響を受け、聴衆幾分淋しい。（すべての儀式は常に）	
同じ	基督教世界	個人消息	渡瀬常吉	流感のため引籠り静養中	
一九二〇年1月15日	るうてる	編集後記		三年越の流行感冒が各地とも猖獗を極めて居る。諸君の健在を祈る	
一九二〇年1月22日	福音新報	追悼文	高倉徳太郎	渡邊重右衛門について思ひ出すままに	高倉徳太郎日記参照
一九二〇年1月22日	福音新報	教勢	横須賀日本基督教会	……昨年の統計未だ成らざれど、受洗者十三名中、小児一名、信仰告白一名、洗礼試験後感冒にて就眠したる者一名あり。	
一九二〇年1月22日	聖潔之友	説教　罪と其報		戦争は人間か只自分の慾のみを追求する處から出た産物である。何と美名を附けても戦争は罪悪である。その結果飢饉が来る。疫病が来る。神は人間の罪を正さんとして疫病を送り給ふた。今日の新聞に由ると昨十四日一日中に二百六十名の死亡者が続出した。そして新らしい患者が二萬人も出た。黙示録に由つて見ると戦争には必ず飢饉と、疫病が附随する。如何に予防注射をしても、注意してもそれは根本的の救治策では無い。	六九四・二
一九二〇年1月22日	聖潔之友	餘りの屑	喜界	由来沖縄と喜界には多くの信者があつた。しかるに昨年秋流行性感冒のために多くの善き信者が死んだ。	六九四・八
一九二〇年1月22日	基督教世界	個人消息	渡瀬常吉	流寒静養中なりし同氏は最早全快	
一九二〇年1月24日	軌跡	証言	長崎中央メソヂスト教会	一月二四日から一週間、長崎の中央メソヂスト教会で、中田重治、柘植不知等、小原十三司の三人を招いて、リバイバル特別伝道会が開かれた。その第一日に新生の恵みにあずかった。たくさんの人が救われたわけ。献身者も相当出た。その時、インフルエンザがはやっていて、人がこないだろうといっていたのに、満員だった。	大江捨一の証言（『ホーリネスバンドの軌跡』）
一九二〇年1月29日	教界時報	教報欄	銀座教会	十二月三十一日午後十一時より除夜会を開く。鵜飼牧師感冒の為め欠席。石田伝道師司会し、山本幹事等勧めを為したるが……	

一九二〇年1月29日	教界時報	個人消息	阿部義宗	感冒のため旧臘より引き続き臥床中なるが、昨今次第に回復に向はれり	
一九二〇年1月29日	福音新報	教勢	大阪九條組合教会	……正月気分に加へて流行感冒の影響として一般集会者は減少せしも……	組合教会
一九二〇年1月29日	福音新報	教勢	中央バプテスト教会	流行感冒の為諸集会の出席員減少したれども……内部の教勢は漸次順調に進み居たり。	バプテスト教会
一九二〇年1月29日	福音新報	東西南北	東京市の流感死亡者	東京に於ける流感死亡者は元旦より二十六日迄の累計四千三百七名なりと。	
一九二〇年1月29日	聖潔之友	大阪ホーリネスの火	大阪	東京リバイバルの報告を聞く此火如何で大阪にも燃へ移らずして息むべきか、予は信じてをる神は群集心理的の火でなく活る神自らが活る火を起し給ふことを、我等に一信者あり流行感冒の為に危篤に陥つた今や其息気を引く斗りとなつた、其刹那に於て彼は従来安息日を守ることを怠てをる、十一献金を怠てをる、此罪人が今主の前に召されて如何に為すべきかと、彼は全く悔改て其罪を認めた、驚く勿れ其時に彼は全く癒され床を払て起きた、翌日会社に辞職を願出た之は安息日を守ることをしない会社なるが故なり（下略）	六九五‐七
一九二〇年1月29日	聖潔之友	消息	仙台	仙台の菅野夫人の母堂は流行感冒の為め去廿三日東京にて永眠せられたり	六九五‐七
一九二〇年2月3日	高倉徳太郎日記	日記	二月三日の項	平凡なる一日なりき。午後田中達氏夫人来訪。齊籐氏の令嬢（千代子氏）の葬式の司式を小生に願ふとのことなり。—再び僧侶のまねをするかな。	『高倉徳太郎日記』八四p
一九二〇年2月4日	高倉徳太郎日記	日記	二月四日の項	……それより千駄ヶ谷教会の信者にして流行性感冒の為に死せる齊籐氏宅を訪ふ。なかなか真剣なる人なり。自己の進むべき道を勇敢に進まれしが如し。	『高倉徳太郎日記』八四p
一九二〇年2月5日	教界時報	教報欄	下谷教会	加藤弥太郎君葬儀　我教会多年の信徒たる医師加藤弥太郎君は昨年末より流感にて臥床中の所病遂に癒へず本月二十三日午前十時三十分神田北神保町神保病院にて永眠せられたり	
一九二〇年2月5日	教界時報	広告欄	大竹常業	六男須恵夫こと鎮西学院在学中の處悪性感冒に罹り遂に養生相不叶、一昨二十四日午前六時長崎市品川医院に於いて永眠致し候　大正九年一月二十六日　大竹常業	

一九二〇年2月5日	『指路』		横濱指路教会	泰保、二月五日、その任地江尻において逝去せらる。同氏、その前より流行性感冒に罹られ、その前日長女を失はれ、その翌日自身遂に此厄に逢はる。	
一九二〇年2月12日	教界時報	教報欄	大牟田教会	新年度に至り五名の転出者あり且又流行性感冒のため臥床中の家庭もあり且又一家庭にては九名家族全部次々冒され二名の昇天者あり誠に同情に堪へざる向も生じ従って近来に至り教会の集会上にも多大の差支を生じつつあり	
一九二〇年2月12日	福音新報	教勢	名古屋日本基督教会	……集会の模様は夜分の集会に流行感冒の影響を多少受けし様なるも……	
一九二〇年2月12日	聖潔之友	大阪ホーリネス教会報	大阪教会	東京の霊火は我が大阪にも然へ併も秩序整然粛々として一日は一日より其深く高く進みつゝあり、罪に泣く者あり恵に踊る者あり深夜に隣人の安眠を妨げ狂者の如く見られ喧嘩の如く見物に来た人さへ時にはある。病を癒さる、奇蹟と胸を打つて救を求に来る事は続々ある諸の栄は主の有にして我等は唯だ無限に燃へ続かんことを毎朝祈つている。（中略）今や或る教会の婦人等は感冒予防のマスクを街頭に立つて売り之を基督教の福音の婦人事業としてをる程であるから我等は伝染病予防否な消毒の福音を街頭に出て呼叫ぶべきだと大に励んでをる。貴婦人令嬢が街路に立てマスクを売ることが恥かしくなかりしならば我等の女性も男子の方々を助て路傍説教の提灯を持つに何の憚る所もないと思つてをる。仁木てる子姉は三人の子等と共に重き感冒に打たれられた。田中愛子嬢は危篤の所に至られたが神は大なる救を施し給ふて皆全く癒し給ふた。（下略）	六九七-八
一九二〇年2月12日	基督教世界	教界	平壌伝道応援記	伝道集会出席者わずか二〇余名、「流感の時」、教勢の不振の意味。流感が根本的な問題ではない。付随的問題。日曜学校は、「流感のため」休校。	
一九二〇年2月12日	基督教世界	神戸	市内各教会教役者役員懇談会	集会者も六十餘名を数へ流感激烈な折柄としては以外の盛会	
一九二〇年2月12日	基督教世界	各地	上野日基教会（三重県）	「流行感冒」に襲われ、教勢に打撃。しかし、前年と比べて会員を失うことなくて幸い。支障があったことは確か。	

一九二〇年2月15日	るうてる	教勢報告	下関ルーテル教会	小山ミチ子姉は流感にて一時危険を傳へられしも主の惠の中に快方に向はれ目下静養中藤村理事方も全家流感の冒す所となられしも幸に皆全快せられたり	
一九二〇年2月15日	るうてる	彙報		一月十七八日福岡バプテスト教會で九州基督信徒有志懇話會の第二回會合が催された。何した事か私の手許にも教會にも招待は来なかつたが、私は本紙記者といふ資格で傍聴に出掛けた、要するに有志懇話會で出席者總數三十九名の中過半数は福岡在住者である、昨年よりも少し少数であつたのは流感のせいもあろうが、會の性質やその企圖に明瞭でない點があつて、基督者の注意と興味を惹くに至らない為であろうと思はれる	
一九二〇年2月19日	福音新報		米国教会の現状	……一つ目立つた最近の変化は、大戦の影響として来世の価値を真摯に考へんとする傾向である……	再臨運動との関連は？
一九二〇年2月19日	福音新報	教勢	佐世保日本基督教会	……昨年の諸集会は流行感冒と転出者続出せる結果、稍不振の状態にて……	
一九二〇年2月19日	福音新報	教勢	神戸組合教会	昨年以来流行感冒猖獗たりし為め各集会とも出席者減少し教会員中にも之が為め永眠せられし兄姉少からず、昨年以来家庭集会を初め祈祷会、日曜夜の集会以外の集会はやむなく見合わせ居りたり有様なりき。	組合教会
一九二〇年2月19日	福音新報	教勢	呉日本基督教会	……昨年来より流行感冒のため各集会とも著しき打撃を蒙り居りたるが、最近さしもの悪疫も終熄に近づき集会も恢復に向ひつつあるは感謝に不堪。	
一九二〇年2月19日	福音新報	教勢	明星日本基督教会	……牧師鷲津氏は流行感冒のため一時重態なりしも、昨今殆んど全快に向はれしは感謝の至りなり。	
一九二〇年2月19日	聖潔之友	火は九州まで	九州	翌日大阪を出立せし柘植兄と一所になり、長崎についたのは二十五日の朝であつた。かの地は流感烈しく諸学校が休校するといふ騒ぎで集会も如何あらんと心配した。しかし全能の主を見上て戦闘を開始した。集会は人心改造運動福音宣伝大会といふ触込である。	六九八・八・九州のリバイバル報告
一九二〇年2月19日	基督教世界	京都	京都教会	「尚当日曜学校は流感中にも、休校はせなかったが、出席著しく減少して」	

一九二〇年2月19日	基督教世界	神戸	神戸女子神学校	「一月以来流行性感冒の襲ふところとなりて、……ほとんど全快」	
一九二〇年2月19日	基督教世界	各地	尼崎教会	「流行性感冒の影響を受けて、非常に減少している礼拝には平均十四五人、」	
一九二〇年2月26日	福音新報	教勢	湊川日本基督教会	……本年は流行感冒のため四名の有力なる信徒を失ひ大に打撃を蒙りしも……	
一九二〇年2月26日	基督教世界	各地	大牟田教会	流感のため、日曜学校は休校、集会参加者少ないが、活気はある。	
一九二〇年2月27日	教界時報	教報欄	御影教会	何処も同じ流感にて同教会にも不幸二名の永眠者を出したり。村田牧師も又流感に罹られ一時は余程の重態一同心痛せしが幸に快方安堵せり。	
一九二〇年2月27日	教界時報	教報欄	八代教会	余所事の如く聞き流し居りたる流行感冒は当教会当教会牧師田中茂甫氏御一家を襲ひ、其猛烈なる魔手を次から次へとのばし遂に牧師を除いた残り七名の御家族全部を病床の囚として仕舞つた。其悲惨の内に長女多恵子様は御父君や篤信なる宮崎医師方の行き届いた御看病も其の効なく僅十歳を一期として去る一月三十日午後九時半静に神の召し給ふ身となられた。	
一九二〇年3月4日	福音新報	教勢	京都室町日本基督教会	御多分に漏れず流行感冒のため、一月二月は諸集会出席者俄に減少し、日曜朝の礼拝には四十数名内外、夜の礼拝には十五，六名あり。流行感冒の死亡者、或は家庭に死亡者危篤者の患者を有する者続々と起れる有様なりしが、目下は稍や平静なるを得たり。	
一九二〇年3月4日	福音新報	教勢	大阪自由メソヂスト教会	去る一月十九日の集会に天来の火は投入れられ、爾来集会に益々霊火燃え上がり……	フリーメソリバイバル起こる
一九二〇年3月4日	福音新報	教勢	三田メソジスト教会	……流行感冒の為め集会に多少の影響を受けしも、二月下旬より好況を呈しつつあり。また二月は平山法学士来演の筈なりしが、風邪にて見へざりし為、玉置会長「遺伝の実例」と題して講演せり。	
一九二〇年3月4日	基督教世界	北海道部会応援記	新浜教会前進伝道	前進伝道の困難、寒さと「流感は当県下に」	

一九二〇年3月4日	基督教世界	〃	旭東教会	岡進（五年九か月）の悪性感冒による永眠	
一九二〇年3月11日	基督教世界	各地	長崎教会	流行性感冒のため日曜学校は休校、	
一九二〇年3月11日	基督教世界	〃	日本メソヂスト鹿児島教会	流感のため、夜分の出席減少、日曜学校も生徒大に減少	
一九二〇年3月11日	基督教世界	〃	台北組合教会	婦人会、共励会などの総会が流行感冒の猖獗のため延期	
一九二〇年3月15日	るうてる	教勢報告	八幡ルーテル教会	會員野田信之氏夫人は先頃より流感のため就床さる、一日も早く神の癒の御手によって恢復せられん事を祈る	
一九二〇年3月15日	るうてる	教勢報告	久留米ルーテル教会	米村牧師は一月上旬から流行性感冒のため病臥されてゐたがたいしたことも無く今は快癒に向かはれた	
一九二〇年3月15日	るうてる	教勢報告	佐賀ルーテル教会	田代コト子姉は流感にて静養中、速かに快癒を祈る、其外會員中多く流感に感染せられしも皆輕快全癒せられしは感謝の至なり	
一九二〇年3月15日	るうてる	教勢報告	神戸ルーテル教会	昨秋に肩書きの所に一家を借入れ、講義所を開設せり、傳道集會は開設當時毎會二十名位の出席者ありしも感冒流行と共に稍減少し多き時は二十三四名、少き時は六七名なり、日曜學校は開校當時は六十人位なりしも之も流感のため廿五六名に下れり	
一九二〇年3月15日	るうてる	教勢報告	小城ルーテル教会	會員牧潤姉には二月廿一日愛兒を流感の為に失はる	
一九二〇年3月15日	るうてる	教勢報告	門司ルーテル教会	松野はな子姉は炭鑛地方に流感患者の看護のため出張中、之に感染して帰門、遂に床上の人となられしが、一時は甚だ憂ふべき状態なりしも神恩祐かにして全快せられたり	
一九二〇年3月15日	るうてる	教勢報告	下関ルーテル教会	小山厚氏は夫人の流感看護中同病に感染せられしも幸に輕症にて今は夫婦とも健康を恢復せられたり	
一九二〇年3月18日	福音新報	教勢	大津組合教会	本年に入り初週祈祷会も集会人数は流行感冒及寒気のため少数なりしも……	組合教会

一九二〇年3月18日	基督教世界	大阪	島之内教会	会員中流感に罹られた方が多い、協議会を延期。（ただ支障がある位の意味）	
一九二〇年3月18日	基督教世界	神戸	神戸教会	流感漸く治り、教会は活動に入れり。	
一九二〇年3月18日	基督教世界	各地	台北組合教会	流行性感冒の猖獗で延期された各総会が開かれ	
一九二〇年3月20日	柏木義円日記	日記	安中教会柏木義円次男策平死去	……散薬ヲ飲マセシニ後ニ苦シキ様子ナリキ、ソレヨリ二、三十分モ経ザルニ逝ク。正九時三十分、室内何トモ云ヘヌ静ケサナリ……	『柏木義円日記補遺』二〇四P
一九二〇年3月25日	基督教世界		高梁教会	年初計画したものが、流感予防のため影響をうけ、集会は中止、牧師が家庭訪問・信徒感謝、罹病者も割合に少なく、聖典を執行する筈。	
一九二〇年4月1日	福音新報	教勢	横浜戸部メソヂスト教会	一月以来流行感冒の為め礼拝出席者を減少せしが漸く昨今に至りて増加しつつあり。	
一九二〇年4月1日	福音新報	教勢	洲本教会	牧師谷氏は一月以来、流行感冒にて休養中なるも、教会員の奮起によりて諸集会を維持しつつあり。	
一九二〇年4月8日	基督教世界	各地	岩見澤教会	「流行性感冒が信仰を奪ふことは出来ぬまでも、教会の集会を寂しくする事には成功した。	
一九二〇年4月8日	基督教世界	各地	岡山北部基督教会	流感の打撃未だ全く回復せざる状態。二月二九日、流感のため延期されていた総会を開く。	
一九二〇年4月15日	聖潔之友	通信　南島部教勢（那覇教会）	那覇教会	殊に本年に入りては流行感冒猖獗を極め郵便物の遅延日刊新聞の休刊学校の休校寄宿舎の閉鎖する等を見るのみならず日々多数の死者を出すが為に葬儀社の人夫に不足を生じて困り小学校の児童に花持ちをさせて教育界の問題を引起したといふ始末青年団にては会員の家族へマスクを無料にて配布し区に於ては無料にて予防注射を施し又諸官省旅館汽車電車町の辻等多人数の集合する場所	

				へは朱書せる注意書を貼附し警察にては患者を各戸別訪問で調査して予防法を講じ劇場の見物人にしてマスクをかけざる者は一切入場を禁じ木戸口に於て入場券と共にマスクの販売を為さしめると云ふ騒ぎ信者求道者又は其家族にして罹病者もあり人心は戦々兢々たるに係らず教勢には何等障害なく僅に日曜学校生徒の出席が減少せしのみにて大人の出席者増加し礼拝の如きは平均十名を算ふるに至れり而して青年会の発会家庭集会の開催等新らしき方面にも働きを始め非常の向上と進歩を来たし漸次教会の基礎は固められつ、あり然らば本年は聖霊の御援助により大なる発展を見ること、信じ希望を以て活動しつ、ある次第なり凡ての栄光を主に帰し謹んで茲に教勢一般の報告を為す。	七〇六 - 八
一九二〇年 5月	JKU年報 第一五号（一九二一）	Report of Kindergartens SPG (Nippon Seikoukai) Protestant Episcopal。	神戸・昇天幼稚園	今年の同窓会はとても活発にすると約束しましたが、病気がやってきて、また一九二〇年の記念日に代表でスピーチをした子がインフルエンザで亡くなりましたので、春からは、病気の子どもたちのためにスクラップブックを作るための小さな会議が数回しかありませんでした。	(A. Parker)
一九二〇年 5月15日	るうてる	教勢報告	八幡ルーテル教会	「大平茂明兄の病氣　副傳道者なる同氏は五月十一日徴兵検査の為郷里高知へ歸省の筈なりしが四月廿五日より流行性感冒に冒され後肺炎に變じ目下療養中なり天父の御加護を祈る事切なり」	
一九二〇年 5月15日	るうてる	教勢報告	名古屋ルーテル教会	「田久保正雄兄、高工卒業式に際し不幸にして流感に冒され郷里佐賀より両親迄来名看護せられし程なりしが豫期以上に早く恢復せられ歸省の上長崎三菱造船所に就任」	
一九二〇年 5月27日	聖潔之友	北米雑信（十三）		「日本にもフルーがありますか」とある婦人がきくので「え、フルーと（果物）なら沢山あります」と答へたら皆大笑ひしました。フルーとは実はインフルーエンザの略です。こんな事が度々なのでずゐ分まごつくこともありますがその度に所謂アメリカ式英語をおぼえて行きます。（中略）この学校では今インフルエンザ例のスペイン風邪にか、つて幾人かねてゐます。八階の社交室は病院に早変りして看護婦がつきつきりです。トーレー博士夫婦も長い事これにか、つてねてゐます。しかし僕はおめぐみで日本にゐたときもこつちに来てからも一度もか、りません。あんなものにか、つたらてんで歌が歌へなくなります。まつぴらです（後略）	七一二 - 七・中田重治の息子羽後の留学記、日付は二月一四日

一九二〇年5月30日	聲第五三六号	彙報	カトリック教会	本年は流感その他の故障ありて延期されつゝあった東京六教会連合の委員春季懇談会も愈よ好機を得て去る五月三十日三位一体の祝日午後二時より築地公教会の伝道館大広間に開催せられた。	
一九二〇年6月11日	教界時報	雑録欄	真剣な大成運動	釘宮辰生　近畿部の太成運動は五月十七日より大阪を初陣として始められた。……この間余は感冒を押して居たが……	
一九二〇年7月15日	るうてる	追悼特集	松本學明	去ぬる五月二十五日感冒の心地にて發熱せしも依然として工事を監督し、薄暮に至りしが、其夜熱度大いに昂まり、翌二十六日、腦膜炎に變じ、越えて二十八日午前三時三十分溘焉として眠に就く	
一九二〇年7月15日	るうてる	教勢報告	佐賀ルーテル教会	中山クミ子姉は流感より肺炎に變ぜられ永らく静養せられしが目下全快せられたり	
一九二〇年8月3日	天上之友二巻		霊南坂教会	霊南坂教会伝道師三宅正彦、流行性感冒により早死	霊南坂教会『伸び行く教会』、『日本組合教会便覧（一九二一年）』にも記載
一九二〇年8月13日	教界時報	教報欄	富山教会	本県下は虎疫（コレラ）流行に付、県令を以て十人以上の集会を禁ずるの挙に会ひ日曜学校は勿論、朝夕の集会も当分中止の姿にあり、俄に霊界休暇と言ふ有様になれり	
一九二〇年8月28日	『指路』		横濱指路教会	ルーミス宣教師、急に変調をきたし八月二八日逝去、長年連れ添った夫人四月二八日逝去	
一九二〇年9月3日	教界時報	教報欄	甲府教会	伝道師堀内望氏は健康を害し目下峡北の郷里に静養中なるが前日曜日説教の如き絶食五日体温三十八度五分なるにも拘わらず……	
一九二〇年9月3日	教界時報	新刊紹介	癒る肺病	広瀬幸二氏（白十字会結核早期診療所診療医）著『癒る肺病』年に十万の同胞を斃していることも六分毎に同胞の一人を奪ひつつある事も共に否むことの出来ない恐るべき肺病に就ての退治法を親切平易に一読して誰もよく理解しうるやうに説明した良書である（定価金参拾銭　発行所本会郷本町白十字会）	

あとがき

戒能信生

新型コロナウィルスの感染が拡大し、各教会の礼拝が公開中止になったり、リモートで代替されるなどの対応が取られた時、何人かの友人から「スペイン風邪の当時、教会はどう対応したのか」という質問が寄せられました。手許にあったいくつかの『キリスト教史年表』や各個教会史を調べましたが、そのどこにもスペイン風邪についての言及はありませんでした。そこから調査が始まりました。各教派の機関紙を網羅的に調べるのは、私一人では到底出来ません。また各図書館も、コロナ禍で閉鎖されたり、閲覧に制限があったりしました。そこで友人の研究者たちに呼びかけて共同で調べてみることにしたのです。

このことを知った富坂キリスト教センターの運営委員長・故・秋山眞兄さんが、岡田仁主事と共に拙宅を訪ねてくれたのは、二〇二〇年六月一〇日のことでした。そしてこの調査を富坂キリスト教センターの共同研究とするように熱心に勧めてくれたのです。初めは個人的な関心から始めた調査でしたが、これによって教派を越えた共同研究の体制が整えられていきます。カトリック教会の資料に当たるべく、何人かの研究者に声をかけましたがなかなか協力が得られなかったところに、今年になってから旧知の三好千春さんが協力を申し出てくれて、貴重な調査結果を紹介してくれました。特に記して感謝します。

この共同研究は、コロナ禍の状況に鑑み、出来る限り早急にその成果を公表することが求められたため、期間を一年間とし、研究会も第一回（二〇二〇年一〇月二三日）、第二回（二〇二一年三月一二日）に限定し、しかも遠隔地の研究者はリモートでの参加という形を採らざるを得ませんでした。そのような様々な制約があったにもかかわらず、研究員の皆さんが意欲的に調査や研究発表に協力して下さったことに心から感謝しています。また研究会の運営については、主事として堀成美さんが全般にわたって細かな配慮をして下さったことも、感謝を込めて付け加えておきます。

スペイン風邪の流行した一九一八～一九二〇年という時期の各教派の一次資料に目を通したのは、私も初めての経験でした。明治期の資料や、また一九二三年の関東大震災以降のものについては、様々な機会に目にすることはありましたが、大正期の半ばの各教派の実情の一端を垣間見る貴重な経験でした。例えば、各教派の機関紙が他教派の状況についてもかなり詳しく言及している事実は、新しい発見でした。この時代、教派を越えた関心と交流があったことをそれは示しています。

ＣＯＶＩＤ─19の感染拡大の影響は、まだ当分続くのでしょう。ワクチンが行き渡っても、その効果は限定的だという研究者の指摘もあります。一方で、オリンピックやコロナ後の世界について取り沙汰する向きもあります。しかしスペイン風邪の経験をすっかり忘れてしまい、そこから学ぶことをしなかった一〇〇年前の過ちを繰り返したくないものです。そのために、この地味な共同研究の報告が広く用いられることを願っています。

二〇二一年三月

寄稿者紹介 （掲載順）

神田 健次 （かんだ・けんじ）

一九四八年新潟県新発田市生まれ。青山学院大学文学部神学科卒業、関西学院大学大学院神学研究科博士課程修了、神学博士。関西学院大学名誉教授、日本宣教学会理事長、他。著書『現代の聖餐論——エキュメニカル運動の軌跡から』（日本キリスト教団出版局、一九九七年）、『W・R・ランバスの使命と関西学院の鉱脈』（関西学院大学出版会、二〇一五年）、編著『講座現代キリスト教倫理Ⅰ 生と死』（日本キリスト教団出版局、一九九九年）、編著『ミナト神戸の宗教とコミュニティー』（神戸新聞総合出版センター、二〇一三年）、他。

戒能 信生 （かいのう・のぶお）

研究会座長。一九四七年愛媛県生まれ。東京神学大学を経て立教大学キリスト教学科卒、元・日本基督教団宣教研究所教団史資料編纂室長（一九九五〜二〇〇五年）、現在、日本基督教団千代田教会牧師、農村伝道神学校、日本聖書神学校講師、共編著『日本基督教団史資料集』Ⅰ〜Ⅴ（日本キリスト教団出版局、一九九七〜二〇〇〇年）、『ラクーア その資料と研究』（キリスト新聞社、二〇〇七年）、『戦時下のキリスト教』（教文館、二〇一五年）、他。

堀 成美 （ほり・なるみ）

一九六八年神奈川県生まれ。看護師、感染症対策コンサルタント。東京都看護協会 危機管理室アドバイザー。がん・感染症センター都立駒込病院、聖路加国際大学、国立国際医療研究センター勤務を経て、二〇二〇年より現職。

三好 千春 （みよし・ちはる）

一九六五年愛媛県生まれ。援助修道会会員。奈良女子大学大学院人間文化研究科（博士後期）修了。博士（文学）。南山大学人文学部キリスト教学科教授。単著：『時の階段を下りながら 近現代日本カトリック教会史序説』（オリエンス宗教研究所、二〇二一年）。共著：『正義と平和の口づけ 日本カトリック神学の過去・現在・未来』（日本基督教団出版局、二〇二〇年）、『戦時下のキリスト教—宗教団体法をめぐって—』（教文館、二〇一五年）他。

李元重（り・うぉんじゅん）

一九七三年韓国ソウル生まれ。国立ソウル大学卒、長老会神学大学神学大学院修了、同志社大学大学院神学研究科博士後期課程修了。大韓イエス教長老会（統合）派遣日本宣教師。在日大韓基督教会京都東山教会主任牧師、同志社大学神学部非常勤講師などを経て、現在新島学園短期大学教員・宗教主任。論文「日帝末期のキリスト教合同運動」『韓国基督教神学論総』（二〇一八年、韓国語）、「同志社大学における尹東柱詩碑建立の経緯と意義―ワンコリアの夢と新島精神の遭遇」『同志社談叢』（二〇一九年）、「魚木忠一の『日本基督教』を再考する－挫折した土着化神学への試み」『キリスト教社会問題研究』（二〇一九年）他。

辻　直人（つじ・なおと）

一九七〇年東京生まれ。東京大学大学院教育学研究科博士課程修了。博士（教育学）。北陸学院大学教授を経て、現在は和光大学現代人間学部教授。著書『長老・改革教会来日宣教師事典』（共著、新教出版社、二〇〇三年）、『近代日本海外留学の目的変容』（単著、東信堂、二〇一〇年）、『キリスト教学校教育同盟百年史』（共編著、教文館、二〇一二年）、『戦時下のキリスト教主義学校』（共著、教文館、二〇一七年）、『学び合う教室』（共著、角川新書、二〇一七年）他。

熊田凡子（くまた・なみこ）

一九七二年石川県生まれ。金沢大学大学院人間社会環境研究科博士後期課程修了。博士（学術）。現在、江戸川大学准教授。日本基督教団白銀教会会員。主要業績・「戦時下における聖和幼稚園でのキリスト教幼児教育の実態」（『キリスト教史学』第七一号、二〇一七年七月）、「北陸地域に女性宣教師の果たした役割」（特集 北陸キリスト教史『キリスト教史学』第七三集、二〇一九年七月）、監修『ともに育つ保育入門』（キリスト教保育連盟、二〇一八年七月）他。

上中　栄（かみなか・さかえ）

一九六四年兵庫県生まれ。東京聖書学院卒業。元・日本ホーリネス教団歴史編纂委員会。現・日本ホーリネス教団旗の台教会、元住吉教会牧師。共著に『十五年戦争期の天皇制とキリスト教』（新教出版社、二〇〇七年）、『ホーリネス信仰の形成』（日本ホーリネス教団、二〇一〇年）、『日本の「朝鮮」支配とキリスト教会』（いのちのことば社、二〇一二年）、『戦時下のキリスト教』（教文館、二〇一五年）、『協力と抵抗の内面史』（新教出版社、二〇一九）他。

新教コイノーニア 36
100年前のパンデミック
日本のキリスト教はスペイン風邪とどう向き合ったか

2021年 6月 17日　第1版第1刷発行

編　者……富坂キリスト教センター

発行者……小林　望
発行所……株式会社新教出版社
〒162-0814 東京都新宿区新小川町 9-1
電話（代表）03（3260）6148
振替 00180-1-9991

印刷・製本……株式会社カシヨ

ISBN 978-4-400-21330-7　C1316